Dirk Riepe
»Ernähren Sie sich salzlos!«

**Dirk Riepe**, geb. 1962, ist Ingenieur und lebt mit seiner Familie in Herford, Ostwestfalen-Lippe. Er engagiert sich für den Dialog mit Menschen mit Behinderungen auf kommunaler Ebene. Im Internet schreibt er die Kolumne »Rolli-Kurt«.

Dirk Riepe

# »Ernähren Sie sich salzlos!«

## Geschichten aus meinem Leben mit Multipler Sklerose

Mabuse-Verlag
Frankfurt am Main

**Bibliografische Information der Deutschen Nationalbibliothek**

Die Deutsche Nationalbibliothek verzeichnet diese Publikation in der Deutschen Nationalbibliografie; detaillierte bibliografische Angaben sind im Internet unter http://dnb.d-nb.de abrufbar.


Kasseler Str. 1a
60486 Frankfurt am Main
Tel.: 069 – 70 79 96-13
Fax: 069 – 70 41 52
verlag@mabuse-verlag.de
www.mabuse-verlag.de

Umschlaggestaltung: Simone Pfundstein und Karin Dienst, Frankfurt am Main
Umschlagbild: © Image Source / www.imagesource.de
Buchsatz: Björn Bordon / MetaLexis, Niedernhausen
Druck: Fuldaer Verlagsanstalt GmbH & Co KG, Fulda
ISBN: 978-3-940529-39-8
Printed in Germany

*Dieses Buch ist meinem Freund Achim gewidmet.*
*Seine Lebensaufgabe mit der Krankheit war übermächtig.*

*Achim Steinfurth wurde 46 Jahre alt.*
*Zitat: »Es gibt keine Gesunden, es gibt nur Gesündere!«*

*Wir werden dich in Erinnerung behalten.*

# Inhalt

## Multiple Sklerose (MS)

Schätzungen zufolge sind weltweit ca. 2,5 Millionen Menschen von MS betroffen. In Deutschland leben nach derzeitigen Hochrechnungen ca. 122.000 MS-Erkrankte; jährlich werden ca. 2.500 Menschen neu mit MS diagnostiziert. Frauen erkranken etwa doppelt so häufig wie Männer. Die Erkrankung wird in der Regel zwischen dem 20. und 40. Lebensjahr festgestellt.

MS ist eine entzündliche Erkrankung des Nervensystems. Das Gehirn stellt eine Art Schaltzentrale dar, in der Signale über das Rückenmark zum Körper gesendet oder von dort empfangen werden; diese werden von verschiedenen Nervenfasern geleitet, die ähnlich wie elektrische Kabel von einer Schutz- bzw. Isolierschicht umgeben sind. Diese Schutzschicht besteht aus einem Stoff, der Myelin genannt wird. Entsteht ein Entzündungsherd im Bereich dieser Schutzschicht, können die Botschaften nicht so wirkungsvoll übertragen werden: MS-Erkrankte können dann zum Beispiel Kribbelmissempfindungen verspüren, vermehrt stolpern oder Schwierigkeiten beim Sehen bekommen. Das Auftreten von einem oder mehreren (multiplen) Entzündungsherden mit entsprechenden körperlichen Störungen und Ausfällen nennt man Schub.

Das Erscheinungsbild der MS ist sehr vielgestaltig. Es kann manchmal Wochen, Monate, zuweilen sogar Jahre dauern, bis die Diagnose eindeutig feststeht. Der Verlauf einer MS kann von Patient zu Patient sehr unterschiedlich sein. Deshalb ist es nicht möglich, eine genaue Voraussage des individuellen Verlaufes zu treffen. In der Regel bilden sich die anfänglich auftretenden Krankheitszeichen fast alle vollständig wieder zurück – es kommt weitgehend zu einer Abheilung der entzündlichen Herde. Je nach Krankheitsverlauf können aber auch zunehmende Beeinträchtigungen auftreten, die bestehen bleiben. Nur in einzelnen Fällen (unter 5 %) führt die Krankheit innerhalb weniger Jahre zu schwerer Behinderung.

Die Ursache der MS ist noch nicht geklärt. Man nimmt an, dass ihr ein ganzes Ursachenbündel zugrunde liegt. Das Abwehrsystem des Körpers, das Immunsystem, spielt dabei eine zentrale Rolle. Um das Rätsel MS zu lösen, wird weltweit und intensiv geforscht. Die internationalen MS-Gesellschaften haben es sich zur Aufgabe gemacht, die Forschung zu unterstützen sowie die Forschungsergebnisse zu sammeln und weiterzuvermitteln.

(Quelle: www.dmsg.de, gekürzter Abdruck mit freundlicher Genehmigung der Deutschen Multiplen Sklerose Gesellschaft, Bundesverband e. V.)

# Vorwort

»Kein Sport und ernähren Sie sich salzlos!«, dies sind die einzigen Worte, die mir von meinem ersten Krankenhausaufenthalt in Erinnerung geblieben sind. Bis dahin wusste ich zwar, dass es Häuser gibt, in denen sich Kranke zum gemeinsamen Stelldichein einfinden, aber ich war doch nicht krank!

29 Jahre alt, gerade mit dem Studium fertig, Familien- und Karriereplanung vor Augen, da wird man nicht krank! Dummerweise ist die Mär von der Gesundheit in jungen Jahren eben eine Mär, die im krassen Gegensatz zur Realität stehen kann. In meinen Gedanken gab es einen genauen Fahrplan für mein Leben. Im festen Glauben an die Kraft des eigenen Tuns geriet er dennoch aus den Fugen. Nichts war mehr linear, der Fahrplan glich immer mehr dem der Deutschen Bahn – mit Verspätungen, Umwegen und einem totalen Entzug der Kontrolle.

Als ich mich entschloss die absurden Geschichten meines Lebens mit Multipler Sklerose aufzuschreiben, war mir wichtig, das breite Grinsen beim Schreiben auf den Leser oder die Leserin zu übertragen. Nichts entzieht sich mehr der zeitlichen Kontrolle, dem Gleichtakt der Uhr als eine unheilbare Erkrankung, deren Ursachen genauso unbekannt sind wie ihre Funktion. Das Leben gerät ins Stocken. Nichts mehr erscheint planbar. Die erzählten Episoden sollen gerade deshalb nicht chronologisch geordnet sein. Sie sollen nicht zeigen, dass ich erst dies nicht, dann das nicht und zum Schluss all jenes nicht mehr kann. Auch gesunde »Normalos« dürfen sich über die Begebenheiten amüsieren.

Was mir nach Jahren mit der Krankheit klar wurde, ist, dass genau das, was ich als kranker Mensch vielleicht intensiver als ein Gesunder erlebe, das Leben ausmacht. Das Unvorhersehbare, das, was man nicht versichern kann. Und das Schönste daran ist, wie absurd es sein kann.

Wenn ich bei einem Glas Wein mit Freunden über Erlebnisse aus dem Leben eines Behinderten plauderte, haben wir uns oft vor Lachen auf die Schenkel gehauen. Ein gewisses Maß an Ironie erleichtert vieles. Und ich darf mich ja lustig machen, ich bin ja Betroffener! Anfangs dachte ich noch: ›Nervenkranke müssen ganz vorsichtig sein, die haben eh schon so einen schlechten Ruf!‹ Nachdem ich die ersten Geschichten einem breiteren Publikum vorgelesen hatte, wusste ich, dass man sich auch über Nervenkranke köstlich amüsieren darf. In meinen Geschichten mache ich mich allerdings nur über mich selbst lustig. Das ist mir sehr wichtig.

Insofern ist *Ernähren Sie sich salzlos!* weniger ein Bericht über eine Krankheit als über das Behindertendasein unter »Normalen«. Ob das mit dem Normalsein auf den Schaffner zutrifft, der mir die Bahnkarte nach Köln verkaufte? Oder den ersten Psychologen, der meinen Wunsch nach einer Therapie kommentierte: »Und wo ist das Problem? Eine degenerative, unheilbare Erkrankung des zentralen Nervensystems führt zum Verlust gewisser Körperfunktionen, und wenn Sie nicht mehr arbeiten können, werden Sie es schon rechtzeitig merken!« Oder auf die Oberarzt-Kalkleiste mit seinem Spruch »Ernähren Sie sich salzlos!«???

Das kann doch wohl nicht normal sein, oder?

*Dirk Riepe, Herford, Frühjahr 2009*

# Überlandfahrt mit dem Dreirad – Teil 1

Es ist perfektes Wetter zum Radfahren, die Sonne scheint, die Luft ist angenehm und die meisten Leute arbeiten, was die Überlebenschancen im Straßenverkehr sprunghaft ansteigen lässt – schlichtweg perfekt. Na ja, fast perfekt: Der Wind stört etwas.

›So ein Stündchen therapeutisches Radfahren ist jetzt sicherlich das Richtige‹, denke ich zufrieden. Ich bin noch keine fünf Minuten unterwegs, da dringt die Stimme meines Psychotherapeuten aus den Tiefen meines Gehirns: »Sie müssen einfach mal die Fahrt genießen, völlig ohne Leistungsgedanken, die Luft riechen, die grünen Felder wirken lassen, ohne auf den Tacho zu schauen …«

»Hallo, ich habe doch gar keinen Tacho mehr, den habe ich schon längst entsorgt.« Der »Psycho«, wie ich den Psychotherapeuten in meinem Kopf liebevoll nenne, gewinnt wieder die Oberhand: »Wissen Sie, es ist doch völlig egal, wie schnell Sie fahren oder wie weit.« ›Na klar‹, denke ich, ›der hat gut reden. Heutzutage ist es ja auch völlig egal, wie schnell, leistungsfähig, schön oder anpassungsfähig man ist. Man wirft einfach den Fernseher aus dem Fenster, zieht in ein verträumtes Nest fernab der Zivilisation, findet dort einen ruhigen Job in der Natur, den man im Rollstuhl erledigen kann, und lässt die moderne Gesellschaft Gesellschaft sein.‹

Das passiert mir immer beim Radfahren, meine Gedanken schweifen unaufhörlich ab. Sie bewegen sich genauso ziellos durch die Gegend wie mein Fahrrad. Zurück zum Wesentlichen: dem Radfahren. Oder doch der Frage, welchen Titel ich meinem Buch gebe?

O. k., wie gehe ich diese Fahrt an? Soll ich die laue Frühsommerluft bei strahlend blauem Himmel genießen? Und mich dabei auf das unter therapeutischen Gesichtspunkten perfekt ausgewogene, krankengymnastisch wertvolle Beintraining auf meinem wunderbaren melonengelben Sessel-Liege-Dreirad mit 14-Gang-Rohloff-Nabe und ergonomisch auf meine Sitzposition angepasster Rahmenkonstruktion konzentrieren? Oder soll ich mich ohne Konzentration einfach treiben lassen und an meinen Geschichten basteln? Die Antwort hat sich schnell erübrigt. Beim Radfahren bin ich am kreativsten – und man muss ja auch nicht alles sofort umsetzen, was einem die Psychologen einreden wollen.

Wochen habe ich hin und her überlegt, ob ich ein Buch schreiben soll und ob es überhaupt jemanden interessiert, was ich von mir geben möchte. Ich denke über den Titel nach, während ich eine Steigung meistern muss. *Das Glück im Augenblick*. Oder: *Von der Überholspur auf die Kriechspur*. Das hört sich doch schon mal ganz gut an, denke ich beim Kampf mit der dreiprozentigen Steigung. Andererseits, es wirkt etwas überkandidelt, vielleicht auch zu philosophisch. Was mag der Lesende denken, wenn er sich für ein Buch aus dem Genre Selbsterfahrungsberichte chronisch Kranker interessiert und den Buchtitel im Regal einer Buchhandlung erblickt?

Eigentlich möchte ich gar kein Buch schreiben, das man in der Rubrik Selbsterfahrungsberichte finden würde. ›Jetzt habe ich einen Titel‹, schießt es mir durch den schwitzenden Kopf, denn die Steigung ist noch nicht zu Ende. Er ist kurz und knapp, unverbindlich und verrät auch nicht zu viel: *Roll on*, eine nüchterne Beschreibung meines Lebens in Analogie zum meistgeliebten Gegenstand unserer Gesellschaft, dem Auto. Am Ende wird das Buch *Ernähren Sie sich salzlos!* heißen, eine ironische Huldigung des Ratschlags, den mir ein Arzt lakonisch bei der Diagnose gab.

Da fällt mir gerade ein, wie VW die Produktion des Drei-Liter-Polo eingestellt hatte. Es war damals gerade eine Randnotiz in der hiesigen Tageszeitung, der Neuen Westfälischen, wert. Ganz andere Aufmerksamkeit erregte da der neue Phaeton. Seine Kraft und Eleganz, die scheinbare Leichtigkeit, mit der heutzutage 2.000 Kilogramm auf über 240 Kilometer pro Stunde beschleunigt werden können. Das ist wahre Freiheit. Auf der Autobahn dahingleiten, während einem die anderen Verkehrsteilnehmer wie stehende Hindernisse vorkommen. Ist das nicht das Ziel jedes »Normalos« in unserem schönen Land? Da war der Drei-Liter-Polo wie ein überflüssiges Geschwür. Eine Idee von Spielverderbern.

Sofort rückt die Stimme meines »Psychos« in den Fokus der Gedanken: »Sie müssen sich von Ihrem Leistungsgedanken trennen, die Werte im Leben umdefinieren.« Wie wichtig ist das schon, wenn man mit einem melonengelben, pulverbeschichteten Sessel-Liege-Dreirad mit 14-Gang-Rohloff-Nabe von einem Dreijährigen auf einem Bobbycar überholt wird und dieser, wie unter Rennradspezis üblich, zum lockeren Gruß ansetzt? Tja, mir ist es sehr wichtig. Deshalb gebe ich alles, als ich den kleinen Stinker neben mir auftauchen sehe. Das kann ich nicht auf mir sitzen lassen. Darf man mit einem Bobbycar eigentlich auf der Kriechspur fahren? Meine Beine treten jetzt wie von selbst, die Steigung ist gemeistert.

Ich befinde mich auf einer etwas stärker befahrenen Nebenstraße. 45 Zentimeter über dem Asphalt wird man leicht übersehen. Das ist vielleicht der einzige Nachteil dieses Wunderwerks der Ingenieurskunst. Der Konstrukteur der Maschine aus Berlin hatte mir beim Kauf geraten, einen roten Kinderwimpel, festgemacht an einer langen, biegsamen Stange, zu benutzen, wollte ich ein hohes Lebensalter anstreben. Jedoch die Aerodynamik und vor allem die Optik wären dann vollständig dahin. Die Entscheidung zwischen Sicherheit und Optik fiel mir leicht. Ich warf meinen Kinderwimpel in den Müll.

An der nahenden Kreuzung stellt sich die nächste Frage: ›Soll ich links abbiegen und stressfrei, ohne Überforderung, die

Gegend genießend zurückfahren oder rechts abbiegen und mich nach etwa 500 Metern links den Hügel mit mindestens zwölf Prozent Steigung hoch quälen?‹ Ein Blick auf meine Uhr macht mir die Entscheidung leicht. ›Fahre ich jetzt links zurück, bekomme ich meine Stunde nicht voll.‹ Was ein korrekter Deutscher ist, der bringt zu Ende, was er angefangen hat, und eine Stunde hat nun einmal 60 Minuten und nicht 50.

Der »Psycho« in meinem Kopf ist kaum noch zu hören und vom Radfahren hat der sowieso keine Ahnung. Verausgabt habe ich mich noch nicht, da weitere Duelle mit kleinwüchsigen Bobbycar-Fahrern während der Essenszeit ausblieben und mir auch keine anderen Radfahrer begegnet sind. Bis jetzt noch nicht. Denn da taucht vor mir ein Radfahrer mit Hund auf. Bei näherer Betrachtung drängt sich mir die Frage auf: ›Ist das überhaupt ein Hund? Und wie kann ein Lebewesen mit so kurzen Beinen eigentlich neben einem Radfahrer laufen, ohne dass das Herrchen wegen seiner Langsamkeit die Balance verliert?‹

Es stellt sich heraus, dass der Hund eine naturgetreue Kopie des Maskottchens aus »Klimbim« ist. Also eine Wurst auf vier Beinen. Diese Hunderasse zeichnet sich durch absolute Bewegungsarmut aus, was bei den Körperproportionen nur verständlich erscheint. Unsere Distanz verringert sich unterdessen langsam. Meine Beine signalisieren mir, dass ich die beiden vor uns locker überholen kann. In diesem Augenblick biegt das ungleiche Pärchen rechts in den nächsten Waldweg ein und nimmt mir die Entscheidung, den Wettkampf aufzunehmen, ab. Meine Beine entspannen sich wieder, und ich genieße die Fahrt.

Kurz vor einem großen Bauernhof spielen Kinder am Wegesrand. Die lang gestreckte Mauer aus Bruchsteinen zeigt das Alter des Gehöftes an. An der Zufahrt zum Vorhof türmt sich ein riesiger Sandhaufen auf. Wie von einem Hochsitz aus mustern die Kids mein dreirädriges Gefährt. Dann rufen sie anerkennend: »Cooool, boah, das ist ja ein geiles Gerät.« Sie winken mir bewundernd zu, und ich sehe aus den Augenwinkeln, wie sie mir nachschauen. Kinder wissen eben, was wirklich cool ist. Erwachsene ringen sich höchstens zu einem »Ist ja auch 'ne ganz bequeme Art, Rad zu fahren, gell?« durch. Wenn die wüssten, wie anstrengend es ist, mit der Maschine zu fahren. Auf den zusätzlich erhältlichen Elektroantrieb habe ich beim Kauf bewusst verzichtet. Das verweichlicht nur und zerstört die Sportlichkeit des Fahrzeugs.

Nun muss ich aber meine ganze Konzentration auf das Fahren lenken, denn nach hundert Metern beginnt der Anstieg über den Schnatweg hinauf zur Diebrocker Straße. Es gilt, mindestens zwölf Prozent Steigung zu meistern. Ich lasse die letzte Chance auf eine angenehme, flache Rückfahrt verstreichen und biege auf den Schnatweg ein. Mein »Psycho« hat sich vollständig aus meinem Gedankendialog verabschiedet, und der Titel des Buches ist auch völlig wurscht. Es tritt das Überlebensprogramm des Homo sapiens in Kraft, Adrenalin wird freigesetzt, der Puls geht hoch und die Beine melden sich, bereit zur Milchsäureproduktion. Ein kurzer Blick auf die Uhr und los geht's. Ich bin auf der Hälfte der 400 Meter langen Steigung angekommen und habe bereits alle technischen Raffinessen meines Hightech-Dreirads ausgereizt. Ich befinde mich im ersten Gang. Es zählt nur noch die Kraft der Beine und das Überwinden der Schmerzen. Ein Elektroantrieb wäre jetzt Gold wert. Nun bin ich in meinem Element. Der Kampf gegen den Berg, gegen die Uhr und gegen meine lahmen Beine beflügelt mich bis weit über die Leistungsgrenze hinaus.

Endlich schiebt sich der flachere Teil der Steigung in mein Blickfeld. Mit letzter Kraft komme ich auf der Diebrocker Straße an. Sechs Minuten hat der Anstieg gedauert, was einer Durchschnittsgeschwindigkeit von vier Kilometern pro Stunde entspricht. Also ungefähr das, was auch mein E-Rolli zu leisten im Stande ist. Egal, ich bin oben angekommen und Endorphine breiten sich in meinem geschundenen Körper aus. ›Das ist es, was das Leben lebenswert macht‹, denke ich mit einem Lächeln auf den Lippen. Während ich mich auf der leicht abschüssigen

Piste rollen lasse, wird die chemisch ausgelöste Oase des Glücks ohne Vorwarnung durch meinen »Psycho« im Kopf gestört: »Was bringt es Ihnen, ständig Zielen hinterher zu jagen und dabei Risiken für Ihre Gesundheit in Kauf zu nehmen?«

Mit einem etwas schlechten Gewissen und einem zufriedenen Lächeln auf den Lippen genieße ich die ständig abfallende Rückfahrt, auf der ich die frische Luft atme, während ich ohne an etwas zu denken, das Hin- und Herwiegen der Ähren auf den Feldern beobachte. Über mir strahlt der Himmel, der zu dieser Jahreszeit so blau ist, dass es schwer fällt, dieses Gefühl von Geborgenheit auf unserem schönen Planeten bei seinem Anblick in Worte zu fassen. Ich ruhe in mir und rolle auf den Platz vor unserer Garage zu Hause. Die Zeit ist noch nicht rum, so verweile ich noch ein paar Minuten auf meinem Dreirad und beobachte das lebendige Treiben der Pferde auf der Koppel gegenüber. Die haben auch ohne »Psycho« den ganzen Tag Spaß bei so tollem Wetter.

Ich entscheide mich, meine Erlebnisse in den vielen Jahren mit der Krankheit niederzuschreiben.

# Die Verwandlung

Lautes Scheppern riss mich aus meinen Träumen. Für einen Moment wusste ich nicht, wo ich mich befand. Ich schreckte auf und stellte fest, dass ich in einem Krankenzimmer des hiesigen Kreiskrankenhauses aufgewacht war. Man musste wohl etwas mehr Krankenhausroutine haben, um sich an das Gefühl zu gewöhnen, in einem Mehrbettzimmer mit schnarchenden fremden Männern zu liegen. Das Klopfen hereinstürmender Krankenschwestern stand in völligem Einklang mit dem Aufreißen der Tür. Warum überhaupt geklopft wird, habe ich bis heute nicht verstanden. Wobei, wenn ich es recht überlege: Man spart sich diese Geste der Höflichkeit eigentlich doch in den meisten Krankenanstalten.

Das freundliche »Guten Morgen, die Herren!« ging im Lärm des scheppernden Frühstückswagens unter. Nachdem ich ein Auge auf das immergleiche Frühstück riskiert hatte, drehte ich mich noch einmal um. Es dauerte nur ein paar Augenblicke, bis ich wieder eingeschlafen war. Ich hatte nach nur einer Stunde Tiefschlafphase einen erheblichen Schlafbedarf. Das wohlige Gefühl dauerte allerdings nur kurz an, denn ein paar Minuten nach dem Frühstückskommando kam die zweite Schwester zum allmorgendlichen Blutdruck- und Fiebermessen, gefolgt von der Frage nach der Art des Stuhlgangs.

An diesem Morgen führte die resolute, etwas füllige Oberschwester diesen Job aus. Mit dem Hinweis, dass gleich Oberarztvisite sei, bewegte sie sich zuerst zielstrebig auf das einzige Fenster im Raum zu. Nach dem unsensiblen Aufreißen des Vorhanges schloss sie mit einem Schlüssel, der mit vielen anderen an einem großen Schlüsselring baumelte, das Fenster ab. Die hereinscheinende Sonne schmerzte in meinen halb geöffneten Augen. Da die Schlüsselaktion kommentarlos geschah, konnte ich mir die Nachfrage, ob jetzt auch noch ein potenzieller Selbstmörder das Mehrbettzimmer bereichern würde, nicht verkneifen. Statt einer Antwort warf sie mir einen etwas mitleidigen Blick zu, während meine Zimmergenossen die Frage sehr lustig fanden und sich weiter mit ihrem Frühstück beschäftigten.

Rechts neben mir lag ein »operierter »Bandscheibenvorfall«, ein extremer Schnarcher. Zur Linken lag der »abgeklemmte Nerv« und an der Tür die »Meningitis« (Gehirnhautentzündung), dessen Frau bei jedem Besuch pausenlos auf ihn einredete, er solle bei der nächsten Visite die Rente durchsetzen. Es konnte ihr nicht schnell genug gehen, dabei ging es der »Meningitis« eigentlich schon viel besser. Er machte nicht den Eindruck, nie wieder arbeiten gehen zu können, aber ich verstand ja auch nichts von Krankheiten. Da ich meine Diagnose noch nicht hatte, war ich übrigens noch ein Namenloser. Patient in Bett Nummer 3, das war meins, musste noch auf seine Bestimmung warten. Bei dem großen Leiden meiner Bettnachbarn stand für mich fest, dass es mir auf jeden Fall von allen am besten ging. Der »abgeklemmte Nerv« hatte sein Leiden durch exzessives Computerspiel bekommen, weil er es nicht lassen konnte, die Beine übereinanderzuschlagen, so sagten jedenfalls die Ärzte und die müssten es ja wissen, dachte ich damals jedenfalls. Mit dem »Bandscheibenvorfall« fühlte ich besonders mit, da auch ich seit Jahren Rückenschmerzen hatte und eigentlich immer noch sicher war, etwas Ähnliches zu haben.

Die anderen waren intensiv mit ihrem Frühstück beschäftigt, und die »Meningitis« frönte bereits der Lieblingsbeschäftigung im Krankenhaus, dem Fernsehgucken, als das Weißkittelkommando, natürlich ohne zu klopfen, hereinkam. Der Oberarzt ging voran und die drei anderen Ärzte folgten ihm wie die Lemminge an einer Perlenkette aufgereiht. Da stand sie nun: die Spitze der intellektuellen Nahrungskette, nach Rangordnung aufgestellt.

Einer durfte die Akte tragen. Er nahm die zweite Position ein. Was die anderen beiden für eine Aufgabe hatten, war für mich nicht zu erkennen.

Heute wollte man offensichtlich mit mir anfangen, jedenfalls baute sich das Team halbkreisförmig um mein Bett auf. Der Oberarzt war ein dürrer Riese, soweit ich das aus der Position des Liegenden richtig einschätzen konnte. Sein Alter hätte ich auf Mitte 30 getippt. Farbloser Typ. Der Aktenträger eröffnete die Prozession mit einem Auszug aus den Unterlagen, während die anderen andächtig lauschten. Er trug eine Geschichte in Fachchinesisch vor, über eine nicht näher genannte Person, die wohl ich sein sollte. Das Ganze wurde begleitet von zustimmenden Kopfbewegungen des weißen Riesen. Kurz bevor der Vortrag, von dem ich nichts verstand, zu langweilig wurde, endete er.

Es folgte der Teil für die Uneingeweihten, eingeleitet von: »Wie geht es uns denn heute?« Immerhin konnte der weiße Riese sprechen. Wobei mir die Frage, wie es uns geht, etwas suspekt vorkam. Ich kannte den Typen doch gar nicht und gesund sah er jedenfalls nicht aus. Die »Meningitis« ließ sich derweil beim Fernsehgucken nicht stören, und »Bandscheibenvorfall« und »eingeklemmter Nerv« aßen weiter und schauten ab und zu ebenfalls zum tonlosen Fernseher.

Ich war etwas nervös, als ich antwortete, dass es mir nicht besser ginge. Aber sie würden wohl den Nerv gefunden haben, der die Missempfindungen und die merkwürdig lahmen Beine verursachte, dachte ich. Der weiße Riese warf, wie zur Bestätigung, einen Blick in die Akte. Er traute offensichtlich dem Vortrag des Aktenträgers nicht. Es schien mir allerdings, als würde er sie zum ersten Mal sehen.

Nun begann die Übersetzung für den Unwissenden: Der weiße Riese klärte mich darüber auf, dass man nach allen Untersuchungen der letzten sechs Tage alle möglichen Krankheiten ausschließen könnte. Da er so langsam sprach, hatte ich genügend Zeit zum Überlegen und kam schon frühzeitig zu dem Schluss, ich wäre nicht ernsthaft krank und mein Puls ging wieder herunter. Allerdings befürchtete ich, dass ich an Langeweile zugrunde gehen würde, wenn der Vortrag noch ewig weiter ginge. Ich hörte also gar nicht genau zu, als er diverse ausgeschlossene Krankheiten aufzählte und erklärte, mit welcher Untersuchung man das festgestellt hatte. Ich dachte nur: ›Wann hört der endlich auf und kommt auf den Punkt?‹ Die Assistenzärzte standen weiter in Weißkittelmanier mit auf dem Rücken gehaltenen Armen und interessierten Gesichtern im Halbkreis um mich herum. Endlich kam das große Finale, die Diagnose: »Nach Abschluss aller Untersuchungsauswertungen glauben wir, Sie haben Encephalomyelitis disseminata, und gehen von einer wahrscheinlichen Diagnose aus.«

Schon ein paar Sekunden später hätte ich dieses komplizierte Wort nicht mehr wiederholen können. Ich hatte also doch eine richtige Krankheit, so mit Namen und allem Drum und Dran. Das erstaunte mich, denn mit einer Krankheit hatte ich nicht gerechnet. Verschleißerscheinungen oder durch Überlastung ausgelöste Probleme, wie Tennisarm oder so, das war meine Vermutung. Aber eine Krankheit? Als erwartete man eine Reaktion von mir, herrschte für einen kurzen Augenblick andächtige Ruhe. »Bandscheibenvorfall« und »Meningitis« schienen nicht sonderlich beeindruckt vom Vortrag des weißen Riesen. Und während ich noch über die Bedeutung des Wortes vor mich hinsinnierte, sprach der Oberarzt die bekanntere Bezeichnung meiner Erkrankung aus: »Multiple Sklerose, kurz MS.«

Stille, erschreckte Stille im Raum. Während dem »Bandscheibenvorfall« das Marmeladenbrötchen aus dem Gesicht fiel, ließ der »eingeklemmte Nerv« den Kaffeelöffel in die Tasse krachen. Sein Oberbett wurde von oben bis unten mit Kaffee bekleckert. Das war hart für ihn, denn Bettwäschewechsel war gerade gestern gewesen und erfolgte nur wöchentlich. Ich bekam davon aber wenig mit, während ich, immer noch nichts verstehend, weiterhin andächtig den Oberarzt anstarrte.

In mein Gehirn zog absolute Dumpfheit ein. Irgendwie fühlte ich mich nicht angesprochen. Die Gedanken verschwanden und alles war merkwürdig wattig. Keine Angst. Keine Panik. Nichts. Leere. Ich glaube, jetzt war der Augenblick gekommen, dass sich ein Strahlenschutzschild langsam um mich aufbaute. Wie eine riesige Käseglocke stülpte sich eine undurchdringliche Haut über mich und sorgte dafür, dass mir nichts mehr passieren konnte. Ich war in Sicherheit, behütet und geschützt vor allem, was mich ereilen konnte. Dieser Zustand hielt viele Jahre an.

Von außen betrachtet hatte die Szenerie etwas von Schwarzwaldklinik. Die »Meningitis« war mittlerweile, mit Kopfhörer, wieder eingeschlafen. Das Ende der Prozession war nun gekommen. »Na, jetzt machen Sie sich mal keine Gedanken, es kann sein, dass nie wieder etwas auftritt oder nur alle paar Jahre mal«, fügte der weiße Riese beschwichtigend in seiner ganzen Langsamkeit hinzu.

Zum Abschluss ließ er noch ein paar gut gemeinte Ratschläge vom Stapel: Ich sollte nie wieder Sport treiben und mich salzlos ernähren. ›So sieht man also aus, wenn man sich salzlos ernährt. Als Oberarzt sicher ganz praktisch‹, dachte ich. Man hob sich weder vom weißen Arbeitskittel noch von den Wänden ab, man sah aus wie eine Kalkleiste. So konnte man sich am Arbeitsplatz bewegen, ohne gesehen zu werden. Toll, für mich aber ziemlich unattraktiv.

In umgekehrter Reihenfolge verließ die Visite das Krankenzimmer und hinterließ ein großes Vakuum.

# Als Junkie unterwegs

Wie immer vor einem Flug herrschte Panik. Es waren nur noch zwei Stunden bis zum Start der Maschine vom Flughafen Hannover nach Manchester, und ich suchte immer noch alle möglichen Sachen zusammen. Zum Schluss fielen mir noch meine Medikamente ein.

»Manu, hast du die Kühlakkus schon raufgeholt?«, rief ich aus dem Esszimmer zu meiner Frau herüber. Ein leicht nörglerisches »Ja!« bekam ich aus der Küche zurück, gefolgt von: »Wenn man dir nicht alles hinterher trägt ...«

So begannen meine Dienstreisen immer. Viel zu spät fertig! Also Panik von der ersten bis zur letzten Minute. Seit Neuestem hatte ich auch noch Medikamente im Flieger dabei, die gekühlt aufbewahrt werden mussten. Ich gehörte der ersten Generation β-Interferon-Benutzer an. Gleich nach der Freigabe des Medikaments, das die große Wende in der Behandlung der Krankheit bringen sollte, bekam ich es verschrieben. Leider musste man das Zeug kühl lagern. Fortan war ich im Flieger mit Kühltasche auf Reisen, was besonders in kühlen Monaten immer wieder Erklärungsbedarf zur Folge hatte.

Diesmal war ich mit einem Kollegen unterwegs, der natürlich nichts von meiner Erkrankung wusste, die ich mit großem Erfolg seit Jahren geheim hielt. Total gestresst und viel zu spät kam ich am Flughafen an. Ich stellte den Leihwagen einfach in der Rückgabezone ab und rannte mit Gepäck und Kühltasche in Richtung Schalterhalle. Mein Kollege ging schon nervös vor dem Haupteingang auf und ab. Für lange Erklärungen war keine Zeit, so checkten wir ein und liefen mit unserem Handgepäck weiter zum Gate. Als wir im Flieger unsere Sachen verstaut hatten und endlich saßen, fragte mein Kollege, ob ich es so nötig hätte, gekühltes Bier mit nach England zu nehmen. Mit einem Lächeln gab ich ihm recht und die Sache war erledigt. Der Flug von Hannover nach Manchester bestand hauptsächlich aus Starten und Landen. Die kurze Zeit, in der sich der Flieger auf seiner vorbestimmten Höhe befand, reichte gerade einmal für ein schnelles Frühstück. So landeten wir pünktlich auf dem Flughafen in Manchester, wo wir uns einen Leihwagen mieten und direkt zu einer Testanlage fahren wollten. Es handelte sich um eine Neuentwicklung, an der ich maßgeblich beteiligt war.

Vorher mussten wir allerdings noch den Zoll passieren. Diesmal hatte mein Kollege die Messgeräte, die wir für unsere Arbeit benötigten, in seinem Gepäck. Das beruhigte mich etwas, da ich beim letzten Mal auf Englisch erklären musste, dass es sich bei dem Inhalt der Tasche nicht um eine moderne Bombe aus einem James-Bond-Film handelte. Er kam aber ohne Kontrolle durch. Ich wurde indes von dem netten, kostümierten Personal in einen Nebenraum gebeten. Als sich die sehr streng wirkende, hoch aufgeschossene Frau die Gummihandschuhe überstreifte, schwante mir Böses. Auf die Fragen, die ich kaum verstand – ich nahm an, sie stammte aus der nordwest-englischen Stadt Bolton, wo man den Bolton-Akzent spricht, der ungefähr so verständlich ist wie das Ostfriesische – antwortete ich immer höflich mit: »Sorry?« Die Gummihandschuhe wurden nicht zu dem von mir befürchteten Zweck benutzt. Sie durchwühlte damit nur meinen Koffer. Zum Schluss wendete sie sich lächelnd meiner Kühlbox zu. »Beer?«, fragte sie und wollte sich ausschütten vor Lachen. Ihr Kollege, der bislang mit hinter dem Rücken gekreuzten Armen wortlos an der Tür gestanden hatte, stimmte vergnügt mit ein. Mir wurde der Komödiantenstadel langsam langweilig, sodass mir leise ein »Was für Deppen!« entfleuchte.

Plötzlich verstummte das Lachen und ich wurde mit versteinerter Mine von der Gummihandschuhträgerin gemustert. Eine Schweißperle quetschte sich durch die Poren an meiner Stirn und rann mir die Wange hinunter. ›Oh Gott, man weiß doch, was mit einem passieren kann! Vor allem mit vermeintlichen Junkies. Wie in *Midnight Express,* den Film kennt doch jeder‹, überlegte ich. In diesem Augenblick begannen die Narren wieder zu lachen, und die Domina öffnete meine Kühlbox. Das Lachen verstummte sofort wieder, und ich versuchte auf die Frage, was das denn in der Box sei, in meinem für solch eine Konversation ungeeigneten technischen Englisch zu antworten. Dann überlegte ich noch kurz, ob Medikamente in England *drugs* oder *medicine* hießen, entschied mich aber aus Sicherheitsgründen für *medicine.* Ich hatte immer noch den Wärter aus *Midnight Express* vor Augen – den Inbegriff eines Perversen, der bevorzugt niedliche, kleine, amerikanische Junkies vergewaltigt.

In der Realität trug er einen Rock und sprach unverständliches Englisch. Die Zollbeamtin legte jetzt den Kopf etwas zur Seite und drückte an ihrem Funkgerät, das an einem Schultergurt hing, eine Taste und murmelte etwas hinein. Vor Aufregung begannen meine Beine zu kribbeln, als stünde ich mit nackten Beinen in einem Ameisenhaufen. Niemand sprach ein Wort. Der Kerl an der Tür spielte verträumt mit seinem Knüppel. Unterdessen ließ sie mich keine Sekunde aus den Augen. Nach einer schier endlosen Wartezeit öffnete sich die Tür und ein Mann betrat den Raum.

»Haben wir ein Problem?«, fragte er in perfektem Deutsch.

Ich begann sofort, den Grund für meine Kühlbox und die Medikamente darin zu erläutern. Der Mann schien Arzt zu sein. Er war sehr interessiert an dem Medikament und fragte mich allerlei Details zu der Behandlung und dem Krankheitsverlauf und so weiter. Ich fand den Anlass zum Ausbreiten meiner Krankengeschichte sehr unpassend und bat vorsichtig um Beendigung der Befragung.

Man entschuldigte sich noch höflich für die Unannehmlichkeiten und entließ mich. Mein Kollege saß grinsend auf einer Bank in der Ankunftshalle. »Kein Wort!«, rief ich ihm zu. Aber er konnte es natürlich nicht sein lassen. »Na, haben sie dir deine Drogen abgenommen?«

»Komm, hör auf, du hattest deinen Spaß. Hol lieber schon mal einen Leihwagen.«

Er trottete los und ich freute mich schon diebisch auf die Autofahrt. Ich ließ mich ein paar Minuten auf einer Bank nieder und sinnierte darüber, wieso mir immer so ein Mist passierte. Dann ging ich dem Kollegen hinterher, der schon mit dem Autoschlüssel draußen stand.

»Und? Wo ist das Auto?«, fragte ich ihn, Erstaunen heuchelnd.

»Na ja, ich dachte, du fährst! Du bist doch schon öfter im Linksverkehr … Ich meine, du kannst das doch vielleicht besser!«

»Mist! Das habe ich ja ganz vergessen. Es darf nur der fahren, der seinen Ausweis vorgezeigt hat. Wo ist denn das gute Stück?«

»Du machst Scherze?«

»Nein, wieso? Einmal ist immer das erste Mal.«

Vergnügt ging ich hinter meinem Kollegen zum Auto, der erst einmal auf der falschen Seite einstieg. Schon nach wenigen Metern bereute ich meine Entscheidung. Den ersten Spiegel, den wir in den engen Straßen einem harmlos parkenden Alfa Romeo abfuhren, konnte ich noch ungesehen wieder provisorisch anstecken. Als ich mich ins Auto zurückschlich, in dem mein Kollege mit Tunnelblick und am Lenkrad festgekrallten Händen saß, sah ich aber den Besitzer des beschädigten Alfas aus dem Haus kommen. Im Rückspiegel beobachtete ich, wie mein provisorisch angebrachter Spiegel beim ersten kleinen Huckel abfiel. Als wir den zweiten Spiegel knirschend von der Karosserie eines Mercedes entfernten, rief ich: »Fahr weiter! Halt ja nicht an! Da ist nichts mehr zu kitten. Bleib ganz locker, wir sind gleich da.« Zum Glück wurden die Straßen in Richtung Ziel etwas breiter, aber der Lerneffekt im Linksverkehr hatte bei meinem Kollegen noch nicht eingesetzt. So nahmen wir mehrmals fluchenden Autofahrern die Vorfahrt und bogen zweimal beim Abbiegen in den Gegenverkehr ein. Es war mir ein inneres Fest, wobei mir der Kollege schon etwas leid tat, da er – wie ich später erfuhr – seinen Führerschein erst seit drei Monaten hatte.

Endlich auf der Anlage versicherte ich ihm, dass man die Beulen kaum sehen würde und er ja auch versichert wäre. Der Tag war noch sehr anstrengend. Durch intensive Arbeit verging die Zeit jedoch wie im Fluge. Es war mittlerweile dunkel geworden und die Anlage befand sich auf einer Baustelle, die noch nicht einmal befestigte Wege hatte. Mein Kollege packte unsere Messinstrumente zusammen und wir traten in die Dunkelheit hinaus. Die technischen Anlagen der Firma befanden sich in einem Container, wie man ihn von Containerschiffen her kennt. Mir war mittags gar nicht aufgefallen, dass auf dem vom Regen aufgeweichten Boden nur schmale Planken lagen. Auf diesen Planken musste ich nun im Dunkeln zum Eingang des Klärwerks zurück. Das hatte mir und meinem nicht vorhandenen Gleichgewichtssinn noch gefehlt.

»Geh schon mal vor! Ich schließe ab«, sagte ich dem Kollegen. So konnte ich mich wenigstens allein und unbeobachtet durch den Matsch kämpfen. Aufrecht konnte ich schon bei Dämmerlicht nicht mehr geradeaus laufen. Schmale Planken waren keine Herausforderung, sie waren ein Ding der Unmöglichkeit. Am Auto angekommen war meine Hose bis zu den Knien voll Dreck. Mein Jackett sah auch nicht besser aus. Im Licht des Autoscheinwerfers vor Dreck starrend sagte ich zu meinem Kollegen kurz, aber sehr bestimmt: »Kein Wort bitte!« Den Mund weit offen schwieg er.

Ich sah aus, als hätte ich versucht, auf dem Weg zum Auto durch die Klärbecken zu tauchen, was dem Mann am Empfang im Hotel auch sofort auffiel. Mein Kollege fand meinen bedauerlichen Zustand nur gerecht, nachdem ich ihn mit der Autofahrt gequält hatte. Er kriegte sich überhaupt nicht mehr ein, als wir auf unsere Zimmer gingen und ich eine Spur der Verwüstung auf dem Teppichboden hinterließ. Nach einer erfrischenden Dusche brachte ich meine Medikamente zur Rezeption. Ich erklärte dem staunenden Personal die vorgeschriebene Lagerungstemperatur von zwei bis acht Grad Celsius und dass ich alle zwei Tage käme, um zwei Ampullen abzuholen. Mein Kollege saß derweil im Restaurant und wartete auf mich. Nach einem englischen Essen mit verheißungsvollen Namen wie *beef with mashed beans* oder *pizza with fried potatoes* ging ich auf mein Zimmer, um mir zum Abschluss des Tages einen Interferon-Cocktail zu mixen.

Der nächste Tag blieb zunächst ereignislos. Die Fahrt zur Anlage verlief diesmal ohne Zwischenfälle, und ich bestand darauf, im Hellen das Klärwerk zu verlassen. Ich genoss gerade die verdiente Dusche, als es an meiner Tür pochte. Eine Frauenstimme rief: »Mister Riepe! Open the door, please!« Sehr ungehalten über die Störung legte ich mir provisorisch ein Badetuch mit den Initialen des Hotels um und ging zur Tür. Als ich diese öffnete, erstarrte ich vor Schrecken und mein Badetuch rutschte mir von den Hüften. Was ich sah, schien wie ein Déjà-vu. Die Polizistin, die mit einem Kollegen vor mir stand, sah aus wie die Zwillingsschwester der Zollbeamtin vom Flughafen.

»Mister Riepe?«, fragte sie und ihre Blicke pendelten sich unterhalb meiner Gürtellinie ein, ohne zu weichen. Aus der Starre aufgetaut, griff ich nach dem Badetuch. »Sorry, I ...«, stammelte ich und setzte mich auf den nächstgelegenen Sessel. Ich versank in dem Möbel und schaute wie ein Zwerg zu den beiden Polizisten auf. Das Gesicht des männlichen Polizisten hatte sich rötlich verfärbt. Es schien ihm offensichtlich unangenehm zu sein, einen nackten Mann unter der Dusche weg zu einem Schwätzchen an die Zimmertür zu locken. Die weibliche Polizistin, die ich nun etwas genauer in Augenschein nahm, hatte doch keine Ähnlichkeit mit der Zollbeamtin. Sie lächelte etwas verlegen und entschuldigte sich dann höflich für den Überfall. Sie bedeutete mir, ich solle mich erst einmal anziehen, und sie würden so lange draußen warten. Ich hatte jetzt genügend Zeit, mir eine Verteidigungsstrategie zurechtzulegen.

›Eigentlich kann mir ja nichts passieren! Der Kollege ist gefahren. Wahrscheinlich hat mich der Alfa-Fahrer noch gesehen.

Hätte der Depp den Gang rein bekommen, wären wir schon weg gewesen. Fahrerflucht! Was steht wohl in England auf Fahrerflucht? Bei uns in Deutschland ist das eine Straftat. Mist! Ich sollte vielleicht doch alles zugeben, oder nein … Ich stelle mich einfach dumm. Ich tauche ja nirgends auf. Der Kollege hat seine Personalien am Flughafen angegeben. Der hat mich verpfiffen. So ein mieser Kerl! Ich mache einen kleinen Spaß, und er haut mich in die Pfanne.‹

Mittlerweile war ich komplett angekleidet, Deo aufgelegt, Haare gekämmt, Fingernägel sauber gemacht. Es gab keinen Grund mehr, dem Unausweichlichen gegenüberzutreten. Langsam öffnete ich die Zimmertür einen winzigen Spalt und lugte hinaus auf den Gang. Rechts herunter war alles o. k. Niemand war zu sehen. Also öffnete ich die Tür ein Stück weiter, steckte den Kopf durch den Spalt und schaute kurz rechts hinunter zur Rezeption. Die beiden Beamten erblickten mich sofort und winkten mir zu. Ich hatte mich nicht nur strafbar gemacht, sondern mit dem Kopf tief unten am Türspalt auch zum Vollidioten. Es nutzte ja nichts! Ich ging auf dem Gang zur Rezeption dem unvermeidlichen Verderben entgegen. Als ich mit weichen Knien vor den beiden stand, hielt der männliche Polizist eine kleine durchsichtige Plastiktüte hoch. In der Tüte befanden sich die Reste meiner gestrigen Infusion. Alle Teile hatte jemand offensichtlich fein säuberlich aus dem Müll gesucht.

›Die halten mich für einen Junkie‹, schoss es mir in den Kopf, ›es geht also überhaupt nicht um die Crashtour meines Kollegen.‹ Der Mann an der Rezeption hob etwas unbeholfen die Schultern. Ihm hatte ich erklärt, wie man mein Medikament aufbewahren muss. Er war aufgeregt und sprach sehr schnell, sodass ich nur die Hälfte verstand. Die Raumpflegerin hatte die Kanülen, Spritzen und den ganzen Rest im Papierkorb gefunden. Es war klar! Drogenmissbrauch tippte sie! Nun standen die zwei Polizisten vor mir und klärten mich über die vorschriftsmäßige Entsorgung von Spritzen auf. Es folgte ein Vortrag über die

Verletzungsgefahr für das Reinigungspersonal durch unachtsam weggeworfene spitze Gegenstände. Ich kam mir vor wie gestern bei der obligatorischen Einweisung in die Sicherheitsvorschriften auf öffentlichen Klärwerksbaustellen. Sicherheit wurde in England ganz groß geschrieben. An jeder Baustelle auf dem *Motorway* wedelten mehr Sicherheitskräfte wild mit Fahnen herum, als Bauarbeiter ihrer Arbeit nachgingen. Mir war völlig unklar, wie dieses Land Arbeitslose haben konnte, wo es doch so einen gigantischen Bedarf an Fahnenschwingern hatte.

Zum Abschluss entschuldigte sich der Hotelmitarbeiter für seine übereifrige Raumpflegerin und reichte mir einen speziellen Behälter, in den ich die benutzten Spritzen und leeren Ampullen demnächst entsorgen sollte. Die Polizisten warfen mir einen strengen Blick der Abmahnung zu und verschwanden zum Essen im Hotelrestaurant. Ich zog es an diesem Abend vor, in einem anderen, dem *Old Traford,* mit meinem Kollegen zu essen. Erst nach dem Verzehr des Menüs und ein, zwei Guinness hatte ich mich von dem Schock der Drogenrazzia erholt und dachte: ›So etwas kann auch nur mir passieren. Das glaubt mir zu Hause kein Mensch!‹

# Faulheit

Eine anstrengende Arbeitswoche hatte ihr verdientes Ende im Wochenende gefunden. Die sinnentleerte Lieblingsbeschäftigung der Sakkoträger, in ganztägigen Sitzungen das Balzverhalten zu schulen, hatte mich sehr geschlaucht. Schließlich musste ich die ganze Zeit aufmerksam sein.

Es soll ja schon Sitzungsteilnehmer gegeben haben, die bei der Vorbereitung ihrer Enthauptung zwar physisch, aber nicht geistig anwesend waren. Am nächsten Tag kam es dennoch zur Vollstreckung. Der Schreibtisch war abgeräumt, und der Initiator hatte mit einer kaum sichtbaren Feuchte in der sauteuren Designerhose die Ehre, die Taschenkontrolle vor dem rituellen Rauswurf durchzuführen. Man sieht sich aber immer zweimal. In diesen Fällen traf man sich spätestens vor dem Arbeitsgericht wieder. Ich kann mich nicht erinnern, dass die Firma jemals einen Prozess gewann. Die New Economy ließ sich die Ausbildung der Mitarbeiter zu Topmanagern eben was kosten.

Mich disqualifizierte mein hohes Fachwissen schon von vornherein für eine solche Position, weshalb ich mir einige unachtsame Augenblicke erlauben konnte. In der Regel wurde ich in Fragen, die mein Fachwissen betrafen, komplett ignoriert. Meine Teilnahme hatte lediglich Alibifunktion. Wenn es mir in stiller Meditation, durch das Rezitieren von Managerhandbüchern im Geiste, gelang, Störungen meinerseits durch fachlich fundierte Zwischenfragen und Bemerkungen zu vermeiden, war mir ein dickes Lob für gute Diskussionsteilnahme gewiss. Leider kam das nur selten und meist in gut sediertem Zustand, nach dem Genuss riesiger Mengen Corticoide, vor. Trotz des Studiums der wichtigsten Managerregeln gelang es mir nur unzureichend, mich von meinen wissenschaftlichen Grundsätzen langjähriger Arbeit in der Entwicklung zu verabschieden, um in das Stadium gehirnverklebter Debatten à la »gut, dass wir mal darüber gesprochen haben« einzutauchen. In dieser Woche hatte ich drei Sitzungen absolviert, was meine Arbeitszeit von 40 auf 60 Stunden ansteigen ließ. Eine Sitzung zu verpassen, hieß aber, in die Gefahr zu geraten, zur nächsten Veranstaltung in der Arena der Eitelkeiten mit den falschen Waffen aufzulaufen. Was nützt einem – im übertragenen Sinn – ein Baseballschläger, wenn die anderen mit Kettensägen ausgerüstet sind? Wissen ist Macht.

Wahrscheinlich hatte ich durch die häufige Teilnahme an diesen modernen Gladiatorenkämpfen in der Arena der Tumben mehr Läsionen im Gehirn davongetragen als von der bösen Krankheit. Ich schlief schlecht. Wie in vielen anderen Nächten zuvor konnte ich den Schlachten, die ich im Arbeitsleben focht, auch nachts nicht entfliehen. Es mussten Strategien durchgespielt und die Absichten scheinbar wohlwollender Kollegen analysiert werden. An diesem Samstag war die Nacht um sechs Uhr zu Ende. Ich stand auf, schaltete die Glotze ein, warf eine CD in den Player, machte mir einen Kaffee und setzte mich mit einem Buch in der Hand ungewaschen in meinen Hörsessel. Da soll noch mal jemand behaupten, dass Männer nicht multitaskingfähig sind! Ich konnte jedenfalls schon lange nicht mehr lesen, ohne zumindest Musik zu hören. Immer mehr Reize waren für meine Konzentrationsfähigkeit notwendig.

Manu lag noch im verdienten Wochenendschlaf, als ich mir die Turnschuhe anzog und in den lauen Morgen trat. Vielleicht konnte mich ein Spaziergang ablenken. Schon zu Beginn blieb ich dauernd mit dem linken Turnschuh auf dem Boden hängen. Nach einer Weile war ich nur noch mit meinen Füßen beschäftigt. Endlich hatte ich eine Aufgabe gefunden, die meine Aufmerksamkeit uneingeschränkt benötigte. ›Mal schauen, wie weit ich heute komme‹, dachte ich. Ich biss die Zähne zusammen und schaffte so die Befindlichkeitsanzeiger-Strecke von etwa sieben Kilometern. ›Alles in Ordnung‹, dachte ich, als ich auf die Lange Straße für den letzten Kilometer einbog. ›Gleich hast du es geschafft! Streng dich an!‹

Danach saß ich auf dem Schlafsofa am Fenster und schaute auf meine Turnschuhe. Die Hose hatte ich vor dem Hinsetzen schon mal heruntergelassen. Schweiß tropfte in regelmäßigen Abständen von meiner Nasenspitze zwischen meine Füße auf den Boden. Allmählich wurden die Zeitabstände länger und länger und … Es tropfte … Schließlich hörte es auf.

»Tschüss! Ich muss noch einkaufen. Bis später!«, rief mir Manu durch die Tür zu.

Mittlerweile hatte ich den Schnürsenkel meines linken Turnschuhs in der Hand. Glaubte ich jedenfalls. ›Was wollte ich gleich noch machen?‹ Ganz langsam trocknete der Schweiß auf meiner Stirn. Die Verdunstungskälte verursachte mir eine Gänsehaut. Das Gefühl war intensiv. ›Ach ja, ich will meine Schuhe ausziehen. Die Schnürsenkel lösen! Die Schnürsenkel!‹ Die Schnürsenkel schienen sich von mir zu entfernen. Ich überlegte. Mir war kalt. Eigentlich überlegte ich auch wieder nicht. War das das »Nichts«? Gefräßig und nimmersatt hatte es fast Phantásien zerstört. Jetzt biss es Stück für Stück von meinem »Ich« ab. Die Gesetze der Physik galten »nichts« mehr. Lichtgeschwindigkeit war zu Schritttempo geschrumpft. Selbst mein Blick, festgenagelt an meinen Schnürsenkeln, schien eine Ewigkeit zu brauchen, bis er am Objekt der Begierde angekommen war. ›Einen kleinen Moment bleibe ich noch sitzen. Einen ganz kleinen Moment. Ich bleibe jetzt einfach ein bisschen sitzen. Genau!‹ Meine Arme ruhten mit den Unterarmen auf meinen Oberschenkeln. Im Kutschersitz, mit vorn übergebeugtem Oberkörper, saß ich unbeweglich da. Die Schnürsenkel immer noch fest im Blick. ›Wo ist mein linker Arm? Egal! Ich bleibe sitzen. Es ist gar nicht so unangenehm! Es ist o. k.!‹ Das Gefühl, das mich beherrschte, hatte sich unmerklich durch meinen Körper geschlichen. Heimtückisch, bar guter Absichten, wie ein Dieb in der Nacht hatte es Besitz von mir ergriffen. Das »Nichts«. Nachdem es sich meines Geistes bemächtigt hatte, war mein Körper dran. Ich sah zwar meine Füße vor mir stehen, aber gehörten die wirklich noch zu mir? Sie interessierten mich nicht mehr. Egal, wer seine Füße da stehen gelassen hatte. Was ging's mich an! Wie in einem Comic, in dem sich die Toons Stück für Stück in weißes Druckpapier auflösen, wurde ich von unten nach oben wegradiert. Es war ein angenehmes Gefühl. Als nur noch eine Sprechblase von mir übrig zu bleiben schien, bekam ich Angst. Angst ist ein mächtiges Gefühl. Ein Gefühl, das schier übermächtig sogar dem »Nichts« standhalten kann.

»Hej, was machst du denn da? Du sitzt ja immer noch hier herum!«, rief mir eine Stimme zu. Manu war mein Atréju und bewahrte mich vor der vollständigen Auflösung.

»Du wolltest doch zum Einkaufen?«, plapperte mein Mund. Ich registrierte nicht, dass Manu mit Tüten bepackt an der Zimmertür vorbeigegangen war.

»Das gibt's doch nicht! Ich bin schon wieder zurück. Sitzt du seit heute Morgen hier? Mann, du hast ja nicht einmal die Schuhe aus und deine Hose? Du hast immer noch die Hose zwischen den Beinen hängen! Was ist mit dir los? Müssen wir zum Arzt?«, fragte Manu, die immer unruhiger wurde.

Ich hatte also vier Stunden auf dem Sofa gesessen und auf meine Schnürsenkel an den Schuhen, die an fremden Füßen eines mir nicht bekannten Menschen steckten, gestarrt. Das ist Faulheit. Das ist wahre Faulheit. Das ist … Es fehlen mir die Worte, es zu beschreiben.

Wenige Tage später hatte ich bei meinem »Neuro« einen Termin. Routinecheck. Ich erzählte ihm von meinem bizarren Faulheitserlebnis und fragte ihn, ob er meine, dass es damit etwas auf sich habe, oder ob es nur ein extremer Anflug von Faulheit gewesen sein könnte. Er hörte mir aufmerksam zu. Meine Schilderung schien ihn sprachlos zu machen. Erwartungsvoll saß ich vor ihm und erwartete das Urteil des Fachmannes. Meine Ansicht über das Durchlebte stand sowieso fest. Faulheit. Mein »Neuro« hat eine sehr spontane Art. Ich würde sogar, ohne ihm zu nahe treten zu wollen, von einer fehlenden Einfühlsamkeit sprechen. Aber das ist es ja, was ich an ihm schätze. Er fragte mich also, ob ich meine Frage über die Faulheit wirklich ernst meinte. Die Frage war so gestellt, dass man besser den Mund hält, wenn man sich nicht zum Affen machen will. Nach einer kurzen Pause drückte er mir wortlos eine Überweisung zum Psychologen in die Hand. War es nun Faulheit oder nicht? So richtig schlau hatte mich dieser Arztbesuch nicht gemacht.

# Ankunft im Krankenhaus

Als ich das große graue Gebäude des Klinikums aus dem Auto vor mir auftauchen sah, beschlich mich ein beklemmendes Gefühl. Ihr kennt das bestimmt alle. Es zieht langsam aus dem Magen die Speiseröhre herauf und bringt, so als wolle der Körper die Intensität des Unwohlseins noch steigern, ein wenig Magensäure mit. Diese gurgelte nun langsam in Höhe meines Solarplexus vor sich hin und überlegte noch, ob sie auch den Rest des Weges zurücklegen sollte. Dieser hässliche Bau im Stil der 70er Jahre verkörperte genau das, was ich unter moderner Medizin, in architektonischer Einfallslosigkeit, verstand. Er symbolisierte für mich die Abfertigungsmentalität der Gegenwartsmedizin. Der Knast in Herford hatte eindeutig eine nettere Fassade. Ich hielt etwas verkrampft den Schein, den mir der Neurologe morgens gegeben hatte, in der Hand und starrte auf den riesigen Besucherparkplatz.

Wenn ich mich recht erinnerte, war ich noch nie Patient in einem Krankenhaus gewesen. Zu Besuch, klar, aber als Patient, nein. Oder doch? Wegen meiner Sportverletzungen war ich zweimal in der Notaufnahme. Einmal haben sie mich wegen Kapselriss eingegipst und das andere Mal mit Verband und Verdacht auf Bänderriss nach Hause geschickt. Das wertete ich aber nicht als Krankenhausaufenthalt. Beide Male stand ich von der sportlichen Anstrengung noch so unter körpereigenen Drogen, dass ich mich an Einzelheiten des Krankenhauses nachher nicht mehr erinnern konnte.

»Ob wir wohl etwas näher am Eingang halten können?«, fragte ich Manu, meine Frau, die aber schon zielsicher auf die steile Zufahrt zum großen Eingang und zur Notaufnahme zusteuerte, wo eigentlich Halteverbot herrschte. Sie meinte, sie würde die Tasche nicht einen Kilometer weit vom Parkplatz bis ins Klinikum schleppen. Ich als ordnungsbeflissener Bürger hingegen hatte starke Gewissensbisse, einfach vor dem Eingang zu parken. Meine Frau setzte sich mit ihrer pragmatischen Einstellung und Kraft ihrer Funktion als Fahrerin durch und so standen wir direkt vor dem Eingang, wo vor lauter falsch parkenden Autos kaum noch Platz war.

In der Eingangshalle gleich links befand sich der Informationsschalter. Die Dame auf der anderen Seite der Glasscheibe machte überhaupt keine Anstalten, uns ihre Aufmerksamkeit zu schenken. Stattdessen unterhielt sie sich angeregt mit einer Kollegin. Erst als sich hinter uns noch ein paar Neuankömmlinge tummelten, wandte sie sich uns zu.

Der Neurologe, bei dem ich den ganzen Morgen mit Untersuchungen aller Art verbracht hatte, hatte mir zum Abschluss einen Einweisungsschein mitgegeben. Seinen Worten zufolge hatte er schon Kontakt mit dem Klinikum aufgenommen, in dem zufällig noch ein Bett für mich frei wäre. Es war Donnerstagnachmittag und ich dachte: ›Der Neurologe hat ja einen richtig guten Draht zum Klinikum. Wie sollte man sonst so kurzfristig einen Termin für eine simple Standarduntersuchung ergattern?‹

Das Timing erschien mir recht gut, da man nach der geplanten Untersuchung mindestens 24 Stunden flach im Bett liegen sollte und ich so am Montag direkt wieder zur Arbeit gehen könnte. Folglich dachte ich, dass es wie im Hotel laufen würde. Ich bekäme mein Zimmer zugewiesen, auf das mich eine nette, gut aussehende Schwester in niedlichen weißen Söckchen und schneeweißen Turnschuhen geleiten würde. Harsch riss mich die Informationsdame aus meinen Schwarzwaldklinikfantasien und wies uns einen Platz im rechten Seitenflügel der Eingangshalle zu. Nichts war's mit der süßen Schwester. Schlimmer noch. Dort angekommen offenbarte sich uns ein Bild der Verzweiflung: mindestens zehn Stuhlreihen mit jeweils zehn Sitzplätzen, gut besetzt – und nur eine Tür, die augenscheinlich das Ziel der wartenden Menge war. Wir setzten uns, und ich empfahl meiner Frau wegen der Menge der Menschen, die wohl vor uns dran waren, nach Hause zu fahren. Das kam für sie aber nicht infrage, bevor ich nicht mein Zimmer bekommen hatte.

So saßen wir schweigend und ermüdet von der mit Untersuchungen gespickten Odyssee, die wir seit den frühen Morgenstunden bis zum Mittag absolviert hatten, auf unseren unbequemen Klinikstühlen. Nach einer Weile erkannte ich, in welchem Zustand sich die armen Menschen um uns herum befanden. Ein dichter Klangteppich aus Stöhnen und Wimmern umgab uns. In der Reihe vor uns saß ein Mann mit einem Handtuch um seine linke Hand gewickelt. Bei genauerer Betrachtung machte der mit Blut durchtränkte Stoff keinen guten Eindruck und ich wollte gar nicht wissen, wie die Hand darunter aussah oder ob da überhaupt noch eine Hand war. Neben ihm war eine junge Frau, die den Kopf an die Schulter eines völlig nervös wirkenden jungen Mannes lehnte und sich den in einer unnatürlich verbogenen Position befindlichen linken Arm hielt. Ihr Gesicht glich einer Totenmaske. Ich konnte nicht lange hinsehen und fragte mich, ob man den Arm jemals wieder in eine normale Form bringen könnte.

Meine Frau und ich schauten uns an und waren fest davon überzeugt, dass wir bei so schwerwiegenden Fällen vor uns wahrscheinlich bis abends warten müssten, denn meine Beschwerden machten sich im direkten Vergleich wie ein Mückenstich aus. Tauber Bauch, unsicherer Gang und schwindende Ausdauer waren doch wohl gar nichts gegen abgesägte Hände und mehrfach gebrochene Arme.

Gerade als wir die Frage erörtern wollten, warum wir überhaupt in diesem Elend saßen, öffnete sich die verheißungsvolle Tür und die Köpfe aller schossen in verzweifelter Erwartung nach rechts. Ein Weißkittelteam, bestehend aus zwei jungen Pflegern, offensichtlich auf dem Weg zu einem Notfall, rannte mit einer fahrbaren Trage auf den Gang der Leidenden. ›Vielleicht werden jetzt endlich die junge Frau oder der blutende Mann behandelt‹, dachte ich, als einer der beiden Pfleger einen Namen rief, der meinem nicht unähnlich schien. Es kam keine Antwort, und ich fragte mich, ob der Betreffende vor Schmerzen und nach auszehrendem Warten nicht mehr antworten konnte. Bei der Wiederholung des Namens kam mir der Verdacht, es könne doch meiner gewesen sein. Aber das war wohl nicht möglich, in dieser Masse der Knochenbrüche und blutenden Verletzungen. In diesem Augenblick stupste mich meine Frau an und sagte: »He, bist du taub? Die rufen dich!« Blitzartig schoss meine Hand zum Zeichen der Identifikation in die Luft. Die netten Männer in den weißen Kitteln bahnten sich den Weg durch die Menge der Wartenden bis zu unseren Sitzplätzen.

»Sind Sie Herr Riepe?«, schallte es mir entgegen. Bejahend nickte ich und jetzt bahnte sich die Magensäure den Weg weiter am Kehlkopf vorbei bis in den Mundraum und hinterließ einen beißenden Geschmack. »So, jetzt legen wir uns erst einmal auf die Trage.« Es war der Beginn einer fortdauernden Konfrontation mit dem Terminus »wir« im Gesundheitsbereich. Mit dem Menschen, der mir das Angebot machte, würde ich mich normalerweise auf keine Trage legen. Ich glaube, ich mochte ihn noch nicht einmal näher kennenlernen. Der sehr lange Dienst hatte seine Spuren hinterlassen, der Pfleger roch nach Schweiß. So verschwand ich unter den neidischen Blicken der Wartenden hinter der verheißungsvollen Tür der Hilfe. Meine Frau rief mir nach, dass sie auf jeden Fall auf mich warten würde, egal wie lange es dauerte.

Ich hatte aus der Position eines Liegenden noch nie in meinem Leben ein fremdes Zimmer »betreten« und wahrgenommen, wodurch die gesamte Situation unwirklich wurde. Neben mir stand plötzlich ein junger Mann im obligatorisch weißen Kittel und reichte mir mit dem szeneüblichen Gruß, wie es uns denn ginge, die Hand. Zunächst fingen die Untersuchungen, die ich bei dem niedergelassenen Neurologen bereits über mich ergehen lassen musste, wieder von vorn an. Alles, was ich schon einmal erzählt hatte, musste ich wiederholen. Und das alles für eine Standarduntersuchung! Um die Atmosphäre etwas aufzulockern, brachte ich meine Begeisterung über die schnelle Aufnahme in der Klinik, ohne die befürchtete lästige Wartezeit, zum Ausdruck. Mit verständnislosem Gesichtsausdruck versicherte mir der Arzt, dass Notfalleinweisungen immer sofort behandelt würden. Erstaunt dachte ich: ›Der einweisende Neurologe hat es wirklich drauf.‹ Mit diesem Coup wollte er mir sicherlich einen Gefallen erweisen. Auf die Idee, ich könnte tatsächlich in die Kategorie Notfall gehören, kam ich erst gar nicht. Nach EEG und EKG wurde es jedoch ernst.

Mein Ausflug in die Welt der modernen Apparatemedizin begann. Ich hatte mich gerade wieder angezogen, als eine attraktive Schwester auftauchte und mich bat, wieder auf der Trage Platz zu nehmen. Im Liegen schaute ich zu ihr hoch und war überzeugt, dass meine Vorstellungen vom Hotelbesuch nun endlich Wirklichkeit würden. Die Aufforderung »Jetzt ziehen wir uns mal bis auf die Unterhose aus!« hatte ich da allerdings noch nie gehört. Ich musste mich zum zweiten Mal innerhalb der letzten Stunde ausziehen. Mit einem hinten offenen Leibchen bekleidet begann die Tour über die endlosen Gänge des Klinikums. Seitlich an den Wänden war durchgehend ein Rammschutz angebracht, den meine nette Schwester weidlich nutzte. Während über mir die immergleichen, wabenförmig aufgeteilten, rechteckigen Deckenbeleuchtungen in monotoner Gleichmäßigkeit vorbeizogen, überkam mich das Gefühl von schwindender Kontrolle über mein Dasein, was mir in dieser Form völlig neu war. Die Räder der Trage quietschten, als wollten sie unter meiner Last zusammenbrechen.

»So, Herr Riepe, jetzt geht's in den Aufzug«, hörte ich die Schwester wie von Ferne sagen. Aus meiner liegenden Position sah ich die Stockwerke in Form von roten Ziffern und Buchstaben ablaufen, allerdings in die falsche Richtung. Offensichtlich fuhren wir aus dem Erdgeschoss nicht nach oben, sondern mehrere Stockwerke nach unten. Mein Puls raste bei der Vorstellung, dass die Wunderwerke der modernen Industriegesellschaft wie Lagerstätten für atomaren Restmüll tief im Schlund der Erde verborgen werden. Wie zum Beweis, die Oberwelt verlassen zu haben, wechselte die Farbe der Ärztekittel von Weiß auf Grün. Der zuständige Arzt begrüßte mich mit Handschlag und den Worten: »Sie müssen überhaupt keine Angst haben, Herr Riepe, wir machen jetzt eine ganz harmlose Untersuchung und dann sind wir ein gutes Stück weiter. Lesen Sie sich diese paar Seiten gut durch. Wir benötigen Ihre schriftliche Zustimmung für die Myelografie aus versicherungstechnischen Gründen.«

Nun war ich zum Opfer eines Hilfe versprechenden Systems geworden. Man hätte alles mit mir anstellen können. Statt mich mit dem Stapel Unterlagen allein zu lassen, blieb der Radiologe – das war wohl seine Fachbezeichnung – mit provokativ übereinandergeschlagenen Beinen mir gegenüber sitzen. In dieser Situation konnte ich diesen Mix aus technischen Erklärungen und Warnungen nicht lesen und schon überhaupt nicht verstehen. Die Blicke des Radiologen hatten mich fest im Griff. Da ich immer noch lag, blendete mich zusätzlich die Deckenbeleuchtung. Jetzt bemerkte ich, dass auch sie anders war als in den oberen Stockwerken. Die gesamte Decke diente nämlich als eine indirekte Beleuchtungsquelle und tauchte den Raum in gleichmäßig gedämpftes Licht. Im Zentrum des Raums befand sich eine Liege mit allen möglichen Bedienelementen an der Seite. Von der Decke hingen Monitore rings um die Liege herum. Von den raumbegrenzenden Wänden war nichts zu sehen. Somit war es mir nicht möglich, die Größe des Raums abzuschätzen. Um mich zu beruhigen, betonte der Radiologe nochmals die Ungefährlichkeit der bevorstehenden Untersuchung und wie gering die Möglichkeit einer Querschnittslähmung in Kombination mit einer Hirn zerstörenden, durch Kontrastmittel ausgelösten

Meningitis wäre. Ich fand seine Argumentationsdecke sehr dünn, aber meine Obrigkeitshörigkeit und der Glaube an die gesund machende moderne Medizin überwogen meine Skepsis. Also unterschrieb ich den Stapel Unterlagen quasi ungelesen. Ich hatte den Kugelschreiber noch nicht ganz abgesetzt, als mir die Einverständniserklärung zur »Myo-Dingsda« schon entrissen wurde.

Mit geschlossenen Augen, auf dem Rücken liegend wie ein bedauernswerter Käfer, der – unfähig sich aus der Position zu befreien – der unvermeidlichen Austrocknung entgegensah, wartete ich auf mein Schicksal. Wie ich so dalag und dachte, was man doch für einen Aufwand trieb für einen leicht eingeklemmten Nerv im Rücken, erschrak ich fast zu Tode. Denn plötzlich stand eine Figur neben meiner Trage, die einem dieser 60er Jahre Seeungeheuer-Filme entsprungen sein konnte, in denen sich tapfere Männer in Tiefseeanzügen mit aufgeschraubten Metallhelmen in die Untiefen der See herabließen, um den Kampf gegen die Urängste der Menschheit zu bestehen. Nur die Armteile des Anzugs fehlten noch. Der Rest war starr, was dem Wesen den schwerfälligen Gang verlieh. Mein Schrecken wich erst, als ich hinter der Bleiglassichtscheibe des Helms den Radiologen erkannte. Mit einem Lächeln vervollständigte er seinen Schutzanzug, in dem er sich schwere Handschuhe aus Blei, die bis zu den Schultern reichten, von der Schwester anlegen ließ. Mit Hilfe derselben Schwester, die mich in dieses Verlies gebracht hatte, wechselte ich auf die Behandlungsliege in der Mitte. Sie flüsterte mir sanft ins Ohr: »Bis später! Keine Angst!« und schloss die tonnenschwere Tür mit dem riesigen Griff hinter sich.

›Na, hoffentlich‹, dachte ich. Jetzt war ich mit dem Wesen völlig allein im Raum. Ich erkannte eine Haube, die wie die obere Hälfte einer Sonnenbank über mir thronte. Das ganze Gerät wirkte wie ein überdimensionaler Scanner und genau dazu sollte es auch dienen. Der Radiologe erklärte mir, wie wunderbar man mit einer Kontrastmittelgabe in den Wirbelkanal die ganze Wirbelsäule röntgen könne. In seinen Augen sah ich die Begeisterung für die Errungenschaften der modernen Medizin aufblitzen. Trotz meines technischen Studiums konnte ich in dieser Situation mit meinem hinten offenen Leibchen und einem völlig verkühlten Podex seine Freude nicht ganz teilen. Er führte mir das Folterbrett vor wie ein neues Auto, bei dem der Verkäufer die ganzen lustigen Gimmicks wie automatische Fensterheber, Sitzheizung oder das Xenon-Abblendlicht hervorhebt. Das Teil konnte in alle Richtungen gekippt werden, damit das Kontrastmittel in jeden Winkel des Halteapparates vordringen konnte – in etwa so wie bei einem Cognacschwenker, in dem der Cognac durch rhythmische Bewegungen spielerisch den Glasrand erreicht, aber nicht überläuft.

Dann ging es endlich los. Ich nahm die Liegeposition eines Fötus auf der Seite ein. Mein Hintern war schon zu einem großen Eisklotz am Ende meines Rückens gefroren. Beim Eindringen der Hohlnadel in meinen Rücken, zwischen dem vierten und fünften Lendenwirbel, wies der Gepanzerte ein letztes Mal auf die Unbedenklichkeit der Behandlung hin und erklärte mir, wie schön man an dieser oder jener Stelle beim Streifen von Nervenenden mit der Nadel lustige Beinreflexe auslösen könne, was dann auch geschah. Ich verfüge über eine turnerische Grundausbildung und einen entsprechend geschmeidigen Muskel- und Gelenkapparat. Ich hätte nie gedacht, dass ich die Beine aus einer solchen Position heraus so hoch hinter den Kopf schmeißen könnte. Die Übung wurde mit einem kurzen »Oh, da haben wir ja einen kleinen Reflex« kommentiert.

Ein besonderes Highlight waren die Monitore, die um die Bank angeordnet waren. Ich konnte aus jeder Position dem Vorgang auf dem Bildschirm folgen. Als ich das Ausmaß der Hohlnadel, die in meinem Wirbelkanal steckte, erblickte, konnte ich es kaum glauben, dass das Ding nicht auf der anderen Seite am Bauch wieder herauskam. Der Cognacschwenker bewegte sich nun leicht immer hin und her, als wolle er mich sanft in den Schlaf schunkeln. Gleichzeitig offenbarte sich mein Inneres in durchleuchteter Form auf dem Monitor vor mir. Diese Einblicke erlaubten mir einen sehr skurrilen Blick auf meine physische Existenz, der mit der normalen Vorstellung von meiner Person nicht vereinbar war. Nach 40 Minuten Dauerröntgen und permanentem Schunkeln, wie auf dem Oktoberfest, wurde die Prozedur ohne irgendwelchen Kommentar beendet. Nur den Hinweis, ich dürfe nicht flach liegen, damit das Kontrastmittel, das man mir gespritzt hatte, nicht ins Gehirn läuft, bekam ich mit auf den Weg. Was meinem Hirn passieren sollte, wenn ich den Anweisungen nicht folgte, erinnerte mich daran, wie wir als kleine Jungs im Winter wahre Kunstwerke in die geschlossene Schneedecke gepinkelt hatten.

»So jetzt haben Sie es ja geschafft, Herr Riepe. War doch gar nicht so schlimm, oder?«, sagte die Schwester. Sie erwartete sicherlich keine Antwort, als man mich mit immer noch hinten offenen Leibchen, in der fötalen Position wie ein Päckchen auf die fahrbare Trage zurück verfrachtete. Den Rückweg erlebte ich mit geschlossenen Augen und die Stimmen um mich herum drangen nur sehr dumpf zu mir durch. Als wir auf meinem Zimmer ankamen, nahm ich die Zimmergenossen, die sich in ihren Betten rekelten, kaum wahr. Ich bekam Bett Nummer 3 zugeordnet. Die Stationsschwester gab mir sofort ganz klare Anweisungen, was ich zu tun hätte. Also flach hinlegen, auf keinen Fall aufstehen, zum Pinkeln die Flasche benutzen und viel trinken. ›Flach hinlegen?‹ Hatte ich das richtig gehört? Obwohl mir richtig kalt war, lüftete ich das Laken, um mich zum Thema »flach liegen« per Handzeichen zu äußern. »Hallo! Der Radiologe sprach von auf keinen Fall Kopf flach halten.« Schwester Agnes bestand aber weiterhin auf der absolut flachen Liegeposition und erklärte mir, dass es anderenfalls gewaltige Kopfschmerzen geben würde. Ich beharrte aber weiterhin den Kopf aufrecht zu lassen, da mir der Tausch von Kopfschmerzen mit Löchern durch eine Art Batteriesäure im Hirn nicht wünschenswert erschien. So probte ich das erste Mal den Aufstand im Krankenhaus, und Schwester Agnes verspürte keine weitere Lust, mit mir zu diskutieren. Sie verließ das Krankenzimmer und holte sich kompetenten Rat beim Stationsarzt.

Nach nur ein paar Minuten kam sie kleinlaut wieder ins Zimmer und versuchte sich aus der Situation zu lavieren, indem sie vorgab, nichts von der genauen Art der Untersuchung gewusst zu haben und daher hätte sie nicht wissen können und so weiter und so weiter … Es stellte sich heraus, dass man mit dieser Untersuchung eigentlich immer Kopfschmerzen bekommt, da es unmöglich ist, gleichzeitig flach zu liegen und den Kopf hochzuhalten. Jedenfalls konnte mir auch die erfahrene Schwester Agnes nicht vorzeigen, wie das zu bewerkstelligen sei.

# Flitsch

Als ich an diesem Morgen die Augen aufschlug und einen schläfrigen Blick auf das Uhrenradio neben dem Bett warf, musste ich erkennen, dass mir noch ganze 30 Minuten blieben, um zu duschen und mich für die Arbeit anzuziehen. Ausgerechnet an diesem Tag musste ich verschlafen. Heute stand ein Besuch unseres Gutachters in der Firma an. Für mich bedeutete das: Hemd anziehen, Krawatte binden und in den Anzug quälen. An ein eigenständiges Hemdanziehen war aber nicht mehr zu denken, nachdem ich verschlafen hatte. Manu, die eigentlich noch nicht aufstehen musste, erhob sich missmutig und half mir beim Ankleiden. Ich hatte noch fünf Minuten, als ich, mit einer Krücke bewaffnet, die Treppe herunter rannte. Am Auto angekommen stand mir der Schweiß auf der Stirn und ich würde wohl für längere Zeit während der Besprechung das Sakko anbehalten müssen – zwecks Vertuschung der Schweißflecke auf meinem weißen Hemd.

Ich blickte hastig auf meine Uhr. Noch hatte ich die Chance, pünktlich zu sein. Also fuhr ich los und beruhigte mich langsam, bis das Gefühl in mir aufkam, ich hätte etwas vergessen. Mir fiel aber beim besten Willen nicht ein, was.

So grübelte ich vor mich hin und fuhr direkt an der Straße vorbei, die ich auf dem Weg zur Arbeit nehmen musste. Wohl oder übel nahm ich einen Umweg. An diesem Morgen blieb mir aber auch nichts erspart. Als ich mich wieder auf das vergessene Etwas, das mir nicht einfiel, konzentrierte, spürte ich eine Fährte in meinen Gedanken auf. Es konnte nur etwas Privates sein, aber was? Mittlerweile war ich auf dem Firmengelände angekommen. Mein Handy piepte mit einer Nachricht und auf dem Display stand: Termin beim Urologen, 10.00 Uhr, Infusionskram nicht vergessen.

Leider hatte ich die Zeit für die Erinnerung per Piepton auf den Arbeitsbeginn gelegt. Durchgeschwitzt und mit den Nerven zu Fuß bestellte ich den Kollegen, dass ich noch einmal nach Hause fahren müsse, da ich etwas vergessen hätte. Der Gutachter war zum Glück noch nicht da. So setzte ich mich ins Auto und fuhr zurück. Manu hatte sich derweil natürlich wieder hingelegt. Während der Fahrt rief ich per Handy zu Hause an, damit sie mir die Tüte mit den Infusionsutensilien vor die Tür brächte. Ansonsten hätte ich die Treppe in den ersten Stock noch einmal rauf und runter gemusst.

Von Ferne sah ich die Hauseinfahrt. Manu stand schon mit der großen Tüte in der Hand und einem Gesicht, das nichts Gutes verhieß, vor der Tür. Ich musste mir nun noch eine Predigt über Sachen-rechtzeitig-Zusammenpacken und panische Aktionen wegen zu späten Aufstehens anhören. Sie hatte natürlich recht, aber das konnte ich doch jetzt, in dieser Situation, mit durchgeschwitztem Hemd, nicht zugeben. Es ergab sich deshalb noch ein kurzer Streit auf der Straße, den ich unfairerweise beendete, indem ich wegfuhr und so das letzte Wort hatte. ›Schlimmer kann es heute nicht mehr werden‹, dachte ich auf dem Weg zurück in die Firma, wo mich die Besprechungsrunde schon erwartete.

Die Agenda für diesen Tag war lang, und ich hoffte später auf eine zügige Abwicklung beim Urologen. Diese Untersuchung wurde nur dienstags gemacht, und man versicherte mir, ich würde schnell drankommen. Es war eine Restharnuntersuchung, für die ich vorher einen Liter Flüssigkeit per Infusion verabreicht bekommen sollte. Das hatte ich schon x-mal im Krankenhaus über mich ergehen lassen, aber die niedergelassene Urologin bestand darauf, etwas genauer nachzuschauen. Es sollte mir eindrücklich in Erinnerung bleiben.

Die Besprechung forderte bis zu diesem Zeitpunkt keine besondere Aufmerksamkeit, was meinen Schweißflecken im

Hemd sehr gut tat, sodass ich nach einer Stunde mein Sakko ausziehen konnte, ohne schief angeschaut zu werden. Die Zeit rann dahin und ich entschuldigte mich aus der Runde, um zur Urologin zu fahren. Mein Part kam sowieso erst später.

Es war 9.45 Uhr, als ich mich ins Auto schwang. Die Straßen waren um diese Zeit total voll und »die« fuhren ja auch alle wie die Bekloppten – fand ich. Ich hatte noch drei Minuten bis zum Termin, als ich auf dem Parkplatz vor der Praxis ankam. Vor mir bog ein Rentner ein, der mir die letzte verbliebene Parklücke vor der Nase wegschnappte. ›Das ist ja klar‹, dachte ich. Eine Minute schneller und ich hätte bequem vor dem Eingang parken können. ›Urologen sind ja sowieso Altmännerärzte. Wohin jetzt?‹, fragte ich mich. An der Straße parken oder auf einen freien Platz vor dem Gebäude warten. Das waren die Möglichkeiten. Es war 10.00 Uhr, ich entschied mich für die Straße. Etwa 500 Meter entfernt tauchte die erste freie Parklücke auf. Zu Fuß viel zu weit für mich. Das bedeutete, Rolli aus dem Kofferraum wuchten und zurückrollern. Die Straße ging etwas bergan, was die Schweißflecken unter den Armen zu einer Größe anwachsen ließ, die keine Hoffnung auf Trocknung versprach. Es wäre einfacher gewesen, das Hemd ganz nass zu machen.

Völlig fertig kam ich um 10.15 Uhr in der Praxis an. Es erwartete mich ein heller großer Eingangsraum mit einem runden Tresen, hinter dem vier Damen saßen. Mit einem Lächeln, bei dem mir die Schweißperlen die Wange herunter rannen, machte ich am Schalter deutlich, wie groß mein Termindruck am heutigen Tage war, und fragte, ob ich denn nun rasch dran käme. Ebenfalls mit einem netten Lächeln entgegnete eine Helferin, für meine Untersuchung gäbe es einen festen Zeitablauf, der noch nicht in Gefahr sei, und ich möge mich doch noch einen kleinen Augenblick gedulden. So rollte ich also in die Wartezone und fächelte unaufhörlich mit meinem Sakko Luft an mein Oberhemd. Ab und zu beobachtete ich interessierte Blicke der Anwesenden, die sich vom Lesematerial der Gazetten lösten und mich unverhohlen musterten. Da mir gleichzeitig Luftfächeln und eine Illustrierte Halten als zu schwierig erschien, verzichtete ich selbst auf den einzigen Zeitvertreib beim Warten auf die Untersuchung: das Lesen. In meinen Gedanken war ich bei der bevorstehenden Präsentation meiner Arbeit in der Firma, als mich eine Helferin ansprach.

»Herr Riepe, ich habe hier noch ein Rezept für Sie. Reichen Sie uns bitte die fehlenden Hilfsmittel in den nächsten Tagen nach. Für heute haben wir noch Material da.«

»O. k.«, entgegnete ich und steckte gedankenverloren das Rezept in die Innentasche meines Sakkos. Als die junge Frau schon wieder auf dem Rückweg war, fiel mir ein, dass ich doch alles mitgebracht hatte, was für die Untersuchung notwendig sein sollte.

»Hallo, ich habe da noch eine Frage!«, rief ich ihr nach. »Ich habe doch das gesamte Infusionsmaterial mitgebracht, was fehlt denn da noch?«

Postwendend drehte sie sich um und kam zurück. Sie beugte sich weit zu mir herüber, als wollte sie mir ein großes Geheimnis verkünden, und sagte leise: »Frau Doktor hat sich aus Zeitgründen dazu entschlossen, Sie zu katheterisieren« und schob hinterher: »Sie brauchen sich aber keine Gedanken zu machen, das ist nicht schlimm.« Dieser Hinweis ist in der Regel ein Indiz für eine zumindest unangenehme Untersuchung. Da in meinem Kopf kein Raum für Überlegungen bezüglich irgendwelcher Untersuchungen war, nickte ich aber nur lapidar und die Sache war erledigt. Als ich mein Sakko öffnete, um wenigstens einen kurzen Blick auf das Rezept zu werfen, sah ich, dass meine Innentasche auch schon von Nässe erfasst war. So schloss ich mein Sakko und wedelte weiter, um den Schaden nicht noch größer werden zu lassen, und wartete. Das Rezept musste ich später zu Hause wohl erst einmal zum Trocknen aufhängen.

Nach etwa einer halben Stunde wurde ich aufgerufen. Meinen Rolli ließ ich im Warteraum und ging in das Behandlungszimmer.

In der Mitte des Raumes stand eine Art Gynäkologenstuhl und Frau Doktor erwartete mich schon mit einem verheißungsvollen Lächeln. Sie sah aus, als würde ihr die Arbeit wirklich Spaß bereiten. Nach dem obligatorischen Händeschütteln stand die Lieblingsuntersuchung der urologischen Zunft an. Während sie sich die Gummihandschuhe bis zum Ellenbogen hochzog, gab sie die knappe Anweisung: »Hose runter und über den Tisch beugen.« Was hatte das mit einer Blasenuntersuchung zu tun, fragte ich mich, tat aber, wie mir gesagt wurde.

Während ich noch das »Flitsch« des Gummihandschuhs hörte, klappte sie den Mittelfinger aus und stach zu. Zum Glück benötigte sie nur den unteren Teil des Gummihandschuhs und bestätigte mir: »Ihre Prostata ist in Ordnung.« Das war keine Neuigkeit für mich. Diese Untersuchung ist in etwa mit der Augeninnendruckmessung beim Augenarzt zu vergleichen. Sie wird jedes Mal gemacht, egal was für eine Zeit seit der letzten Untersuchung vergangen ist. Also: Handschuhe an, Finger rein und die Kasse klingelt.

Jetzt ging es aber wirklich los. Ich hatte natürlich keine Ahnung, was folgen würde, als ich mit Sakko, Krawatte und frisch geputzten Schuhen, ohne Hose auf dem raumbeherrschenden Stuhl in der Mitte des Zimmers Platz nahm. Frau Doktor rollte mit einem kleinen Hocker zwischen meine Beine, stützte sich mit den Armen auf meinen Schenkeln ab und erklärte mir die Untersuchung.

Man wollte mir also einen Schlauch durch meinen kleinen Freund in die Blase schieben, diese befüllen, bis nichts mehr ging, und dann sollte ich einfach entspannt auf einen Piepton warten, der den gewünschten Gegendruck signalisieren würde, und meine Blase durch den Schlauch in eine dafür vorgesehene Schüssel entleeren.

Mir war ganz mulmig, als Frau Doktor mir die Unterhose herunterzog und gleichzeitig meinen Schlips mit den Worten »Ich darf doch?« über die linke Schulter warf. Meinte sie jetzt die

Unterhose oder den Schlips? Eine Antwort erwartete sie jedenfalls nicht. Während mein kleiner Freund die Umgebung musterte, betraten zwei Helferinnen den Raum. Die eine brachte die notwendigen Utensilien mit und die andere streifte sich schon mal die Gummihandschuhe über. Konnten nicht noch ein paar junge Frauen zur Begutachtung meines Gemächts hereinkommen? Vielleicht versenkte sich aber auch gleich die kahle Zimmerwand im Boden und gab den Blick auf ein eigens engagiertes Kamerateam frei, das gerade eine Überraschungstalkshow für das Vormittagsprogramm mit mir drehen wollte.

Die mitgebrachten Accessoires verdrängten meine Soap-Fantasien und veranlassten meinen kleinen Freund, sich, scheinbar unbemerkt, vollständig in den Schutz der Lenden zurückzuziehen. Daran änderte auch die wirklich hübsche Helferin mit den Gummihandschuhen nichts. Ein kurzer Griff der Chefin und der Versuch des Rückzugs wurde jäh vereitelt. Als ich den Schlauch sah, konnte ich nicht glauben, dass man den in mir versenken konnte. Die Urologin beruhigte mich mit den Worten:

»Da schieben wir noch ganz andere Sachen durch, das ist wirklich kein Problem.« Sie behielt, was ich nicht für möglich gehalten hatte, recht.

»Und jetzt bitte kurz hüsteln«, kam die nächste Anweisung und schon verschwand der Schlauch zwischen meinen Beinen. Hingucken konnte ich nicht, Männer sind eben Weicheier. Nach einer kurzen Beschreibung der nun folgenden Prozedur des Befüllens und Entleerens meiner Blase verabschiedete sich die Chefin mit dem bekannten Lächeln und übergab mich in die Hände der bezaubernden Helferin. Mein kleiner Freund blieb völlig unbeeindruckt von der Schlauchhalterin.

So wie ich da lag, wurde die ganze Ambivalenz meiner Psyche sichtbar. Unten ohne, mit einem Schlauch in meinem kleinen Freund, den eine vielleicht 20-jährige Helferin hielt, und oben herum im Kostüm der Erfolgreichen oder derer, die sich dafür hielten. Damals war mir nicht klar, dass dieses Bild ein skurriles

Abbild meiner Wünsche, meiner Lebensplanung und der Realität war.

Das Ende der Prozedur stand bevor, als die Chefin wieder den Raum betrat. Offensichtlich musste man ein Studium absolviert haben, um den Schlauch wieder herausziehen zu dürfen. Ohne Studium war es nur gestattet, den Schlauch zu halten. Ein Blick auf die Uhr verhieß nichts Gutes. Ich war schon eine Stunde hinter meinem Zeitplan, dafür war mein Oberhemd wieder etwas getrocknet. So schnell es ging, zog ich mich an und erwartete das Ergebnis der Untersuchung. Nichts Neues. Ich bekam zum Schluss eine Pille verschrieben.

»O. k., das war's?«, fragte ich mit einem sehnsüchtigen Blick zur Tür.

»Sie haben ja nichts mehr vor heute? Denn das Wasserlassen könnte anfangs sehr schmerzhaft sein, Herr Riepe«, war die Antwort.

Sprachlos nahm ich den Hinweis entgegen und dachte: ›Wie sehe ich denn aus? Legt man sich in diesem Aufzug zu Hause ins Bett und wartet auf den nächsten Toilettengang? Warum habe ich eigentlich vorher extra Bescheid gegeben, dass ich nach der Untersuchung einen wichtigen Geschäftstermin habe?‹

Auf dem Weg zurück zur Arbeit begann mein kleiner Freund, sich mit einem aufkeimenden brennenden Schmerz über die gerade beendete Behandlung zu beschweren. Den weiteren Tagesablauf möchte ich nicht näher beschreiben. Meine Präsentation war jedenfalls allenfalls mittelmäßig, und ich vermied es, die nächsten acht Stunden auch nur einen Tropfen Flüssigkeit zu mir zu nehmen. Mein Deo hatte bereits vor Stunden versagt, als ich mit riesigen Salzringen auf meinem Oberhemd nach Hause kam.

# Voll normal

Man macht sich ja so seine Gedanken. In letzter Zeit habe ich immer wieder den Ausspruch eines ebenfalls an MS erkrankten Freundes – »Es gibt keine Gesunden, es gibt nur Gesündere« – im Kopf. ›Wie wahr‹, denke ich und grüble vor mich hin. Gesund, normal, welch bedeutungsvolle Worte für jemanden, der beide Begriffe nicht mehr ohne Vorbehalt für sich in Anspruch nehmen kann.

Was ist Normalität? Diese Frage lässt mich mit zunehmender Veränderung meines Selbst nicht mehr los. Ich fühle mich eigentlich ganz normal, aber liege ich damit verglichen mit der allgemeinen Betrachtungsweise der anderen in dieser Gesellschaft richtig? Nachschlagen. Genau das tat ich und sah mich in meiner Ansicht von Normalität bestätigt. Ich schaute, was der aktuelle Duden sagt und ein von mir auf dem Trödelmarkt erworbenes Büchlein, *Kleines philosophisches Wörterbuch,* das die Normalität in der Auflage von 1956 beschreibt. Es ist nicht meine Absicht, hier Hochgeistiges, wissenschaftlich Korrektes, mit Quellenangaben versehen, zum Besten zu geben. Deshalb überlasse ich es dem Leser, wenn er mag, selbst irgendwo nachzuschlagen.

Und bleibe jedenfalls dabei: »Ich bin normal! Also, wenn ich nicht normal bin, dann weiß ich's nicht.«

Gute Schulausbildung, eine liebe Familie mit Frau und zwei Kindern. Doch Moment: *zwei Kinder*. Las ich nicht gerade in der Zeitung vom Aussterben der Deutschen? Der Durchschnitt, also die Normalität, liegt unter einem Kind. Allerdings ist Statistik in diesem Zusammenhang genauso wertlos wie bei der statistischen Wahrscheinlichkeit, MS zu bekommen. Normalität! Es ist schon spannend, dass das Durchschnittliche, Gewöhnliche,

Normale so erstrebenswert für mich geworden ist. Was wollte ich nicht alles erreichen im Leben? Normalität stand jedenfalls nicht auf meiner Wunschliste.

Nach meinem letzten längeren Klinikaufenthalt, bei dem ich auf das Fernsehgucken vollständig verzichtet hatte, kam ich nach Hause und schaltete sofort die Glotze ein, was mir einen bösen Seitenblick und einen entsprechenden Kommentar meiner Frau einbrachte. Nach etwa 30 Minuten Zappen durch alle möglichen Fernsehkanäle war ich erschlagen von der Normalität, die mich darin mit voller Wucht traf. Sieben Wochen ohne Fernsehen, ohne Internet, ohne Zeitung, ohne Radio, da muss man nach einer halben Stunde Gehirnwäsche durchatmen und eine kleine Pause einlegen. ›Wahnsinn!‹, dachte ich, als ich gerade noch den Ausknopf drücken konnte. Die neuen Talkshows sind überwältigend. Die Werbeblöcke haben eine ganz neue Wirkung auf mich. Wie würde sich ein Mensch aus einem zurückliegenden, nicht medialen Zeitalter fühlen, wenn er das Fernsehprogramm sähe? Wie ich!

Der Mann, der normale Mann, der aus den Fluten eines tiefblauen Meeres steigt und seine nassen Haare in den Nacken wirft, schaut mich mit Augen an, die die Farbe des azurblauen Himmels haben. Das Wasser perlt an seinem Waschbrettbauch mit genau definiertem Sixpack ab wie durch einen den Körper umschließenden Ganzkörperlotuseffekt. Wow! Gerade als ich an mir herunterschaue und die überarbeitungswürdigen Zonen kritisch mustere, ist der Mann weg und der Name eines Körperpflegemittelherstellers taucht auf dem Bildschirm auf. Eine laszive männliche Stimme wiederholt den Namen für die Analphabeten unter uns. Es ist bestimmt nicht die Stimme des Mannes mit dem Anabolikakörper, die mittlerweile wieder vor dem Stimmbruch angelangt sein müsste. *Pour homme!* »Für Männer« zu sagen, ist nicht hip in Anbetracht des Auftritts der männlichen Wassernixe.

Schnell umgeschaltet auf ein anderes Programm, in dem unsere Kanzlerin auf dem Schirm auftaucht. ›Was für ein Kontrast‹, denke ich staunend und wechsle schnell den Kanal.

›Das ist schon besser!‹ Ein normales junges Paar vergnügt sich in einem Pool auf der Dachterrasse eines Hochhauses, das über dem Meer zu schweben scheint. Die langen Haare der Frau bedecken ihren Rücken bis zum Po. Wenn sie durchs Wasser gleitet, kommt ihr ganzer, wunderschöner Körper zur Geltung. Dann sitzen beide am Rande der Dachterrasse, und er wirft einen kurzen notgeilen Blick auf ihren durch magersüchtiges Essverhalten dem Normalmaß angepassten Körper. Für was geworben wird, weiß ich nicht.

Nach dem Zurückschalten auf unsere Kanzlerin erschüttert mich der Kontrast jetzt wie ein Erdbeben. Dieses ausdruckslose Gesicht, gezeichnet von dem Streben, der Normalität zu entkommen. Die Lippen ein Strich, vom Gesicht verschluckt. Trotz der vielen Worte ist die Darbietung genauso nichtssagend wie der wortlose Werbespot auf dem Dach. Mir wird bei beiden gleichermaßen übel.

Da haben wir schon zwei Normalitäten bei nur einmal Umschalten in der Glotze. Intellekt kontra Schönheit, Leben kontra Lifestyle. Beide haben es ins Fernsehen geschafft, obwohl sie unterschiedlicher nicht sein könnten.

Dann folgt das Grauen auf dem nächsten Kanal: eine Talkshow mit ganz normalen Menschen. Das ist die Krönung der normalen Absurdität im deutschen Fernsehen. Es geht gerade um das wichtige Thema: »Dürfen Dicke in der Öffentlichkeit frei rumlaufen?« Es gibt da sehr unterschiedliche Meinungen von sowohl männlichen als auch weiblichen jungen Menschen zwischen 18 und 25 Jahren. Eine junge Frau, gute Figur, auffallend geschminkt, fühlt sich beispielsweise im Freibad sehr gestört durch den Anblick von übergewichtigen Menschen. Einen Vorschlag zur Abhilfe hat sie glücklicherweise nicht. Ein total dürrer, zierlicher junger Mann setzt sich vehement für seine 150 Kilogramm schwere Freundin ein, an der er jedes Gramm liebt. Die junge Frau sitzt in einem knallengen Lederoutfit aus der »Peitsch-mich«-Szene neben ihm.

Ich glaube, von den gebotenen Normalitäten strebe ich den Waschbrettbauchtypen an. Ist das die Normalität, in die es sich als behinderter Mensch, das heißt als Bestandteil einer Randgruppe, zu integrieren gilt? Den Einwurf, das sei ja alles nur Fernsehen und nicht real, möchte ich an dieser Stelle nicht zulassen. Ich habe selbst lange den Glauben vertreten, es sei alles nur Fernsehen. Aber dann habe ich mich gefragt, was denn die Macher mit dem Schwachsinn bezwecken wollen. Die Frage sei doch erlaubt. Und? Man will selbstverständlich Geld verdienen. Das öffentlich rechtliche Fernsehen hat seine Berechtigung verloren, da es die gleiche bescheuerte Werbung, das gleiche bescheuerte »Talkshows-für-Deppen«-Programm wie die Privaten macht. Fernsehen ist für mich sowohl ein Spiegel der Gesellschaft als auch ein Former und vor allem aber Verformer der Gesellschaft. Das Gesamtbild wird auf Extreme reduziert.

Fun-Sport, Superstar, Supertitten durch Super-OPs.

Brutalstmögliche Aufklärer, Spaß-Guidos, »Wir sind Papst« und »Papst ist geil«.

Das ist Deutschland. Das heißt, nein, das ist die Gesellschaft, das ist *voll normal*.

Ich glaube, ich bin wirklich normal. Vielleicht schaffe ich es ja doch irgendwann zum Talkshowpapst, dem Kerner. Aber ich wiederhole mich. Wenn ich zusätzlich noch eine ausgefallene Autoimmunkrankheit bekäme – wir haben in der Familie noch was Abgefahrenes im Köcher –, dann sähe ich gute Chancen für mich. So lange muss ich mich damit begnügen, in einer Gesellschaft, in der Absurditäten zur Normalität erhoben werden, mit hasserfüllten oder ungläubigen Blicken bedacht zu werden, wenn ich in der Stadt aus meinem Elektrorollstuhl aussteige, um in meine Buchhandlung zu kommen. Und hinter der Stirn der Gaffenden steht zu lesen: »Was ist das denn für einer? Der kann doch gehen!« Tja, das darf eben nicht sein. Wer einen so aufwendigen Rollstuhl besitzt, hat gefälligst drin sitzen zu bleiben. Es gibt schließlich genug Betrüger. Hartz-IV-Betrüger, Steuerbetrüger, Krankenkassenbetrüger, Pflegebedarf-Betrüger … Na also! Schlussendlich habe ich es auf Umwegen doch zur Normalität geschafft. Und ich war mir dessen die ganze Zeit über nicht einmal bewusst.

# Das Monster

Aus dem Fenster des Flurs im neunten Stock der Klinik hatte man einen hervorragenden Blick über den Eingangsbereich des Hauses. Die Langeweile trieb mich oft an dieses Fenster, von dem aus ich das Kommen und Gehen der Patienten beobachten konnte. Es war der Blick zurück in die reale Welt. Unaufhörlich kamen neue Patienten. Das Treiben ähnelte einem Ameisenbau, in den Armadas von Arbeitsameisen hineinströmen und an anderer Stelle wieder herauskommen. Im Unterschied zum Ameisenbau hatte das Krankenhaus aber einen weiteren, unscheinbaren Ausgang, der nur eine Richtung zuließ. An jedem Treppenabsatz im Treppenhaus befanden sich Fenster, die in große Nischen eingelassen waren. Die Fensterbänke hatten genau die richtige Höhe, um sich darauf bequem mit einem aufgestellten und einem hängenden Bein niederzulassen. Hier hätte ich problemlos das Fenster öffnen können, um den einmaligen Flug in dem Zustand der Schwerelosigkeit über neun Stockwerke zu genießen. Außer mir saß hier nie jemand. Ich konnte das beurteilen, denn ich verbrachte sehr viel Zeit an diesem Ort.

Es war ein trüber Tag im April. Einer dieser Tage, die einem jedes Jahr trostlos und in immer gleicher Wiederholung auf die Stimmung drücken. Die Patienten unten schienen von der Wetterlage völlig unberührt. Das Kommen und Gehen hatte einen eigenen Rhythmus, den ich ergründen wollte. Heute war es sehr intensiv, und ich hatte Schwierigkeiten, einen einzelnen Menschen im Auge zu behalten. Sonst saß ich oft hier und ließ den Blick zu den Wolken schweifen. Stundenlang sah ich auf die Wolkentürme, die immer neue fantastische Formen bildeten. Ich überlegte, wann ich zu Hause das letzte Mal einfach so in die

Gegend geschaut und mich an dem Spiel der Natur, ohne Ablenkung, satt gesehen hatte. Innerhalb der Mauern der Klinik existierte ein anderer Takt, losgelöst von äußeren Bestimmungen, gedämpft und entfremdet. Andererseits bot sich aber auch die Möglichkeit des Rückzugs und der Besinnung. Nach nur einer Woche hatte ich mich an den Rhythmus moderner Aufbewahrungsstätten für defekte Mitbürger gewöhnt.

Nach nur einer Woche war mir auch klar – ich dachte jedenfalls, dass es mir klar war –, dass die Rückkehr ins Leben schwer sein würde. Nach nur einer Woche hatte ich mich an das Bedientwerden und die Entmenschlichung gewöhnt. Nach nur einer Woche war mein altes Leben in den Hintergrund gerückt. Unentwegt schoss Krankenhauspersonal an mir vorbei. In dem Maße, wie Zeit und Bewegung für die Patienten erstarrten, schien sich die Hektik für das Personal zu erhöhen. Komischerweise störte mich das Vorbeirasen von gehetzten Klinikmitarbeitern in meiner kleinen Nische, diesem Aussichtspunkt in die normale Welt, nicht.

Heute war für mich ein besonderer Tag am Fensterplatz. Ich hielt Ausschau nach einem Taxi, das mich zu einer besonderen Untersuchung nach Minden bringen sollte. Es handelte sich bei dem diagnostischen Untersuchungsgerät um so eine Art CT, nur größer, und der Körper sollte in eine Röhre gefahren werden, sagte man mir jedenfalls. Dieser so genannte Magnetresonanztomograf war so teuer, dass nur sehr wenige Kliniken ihn sich leisten konnten. Deshalb musste ich in die Radiologie-Praxis nach Minden. Durch diese Untersuchung würde man Gewissheit über meine Probleme bekommen. Ich fragte mich zwar, warum man nicht gleich diese Untersuchung angesetzt hatte, dann hätte man sich den Rest sparen können. So einfach war die bunte Welt der Diagnostik aber scheinbar nicht. Wie ich die Patienten bei ihrem Treiben beobachtete, kündigte das singende Martinshorn den Notfallwagen an. Ich drückte mir die Nase an der Scheibe platt, um alle Einzelheiten des bevorstehenden Spektakels live und in Farbe mitzuerleben. Das war viel besser als *Emergency Room* im Fernsehen.

›Hoffentlich lässt das Taxi noch etwas auf sich warten‹, dachte ich. Noch war der Notfallwagen nicht zu sehen. Das Horn wurde aber immer lauter. Jetzt endlich sah ich den Wagen auf die steile Zufahrt der Notaufnahme zurasen. Aber da stand natürlich wieder jemand widerrechtlich parkend mitten vor dem Eingang. Meine Spannung stieg und ich fragte mich: ›Hält es der Fahrer des falsch geparkten Wagens für nötig, nachdem er ausgerufen wurde, seine Karre an die Seite zu fahren oder nicht, und wie oft muss er ausgerufen werden?‹ Über die Frage, ob der Patient im Unfallwagen die Wartezeit überlebt, wollte ich gar nicht erst nachdenken. Schon erschallte eine energische Stimme aus den Lautsprechern, die sich in jedem Winkel der Klinik befanden: »Der Fahrer des Wagens BI … wird gebeten, unverzüglich sein Fahrzeug aus dem Bereich der Notfallzufahrt zu entfernen!« Niemand konnte behaupten, die Aufforderung nicht gehört zu haben.

Der Notfallwagen stand mit eingeschalteten Rundumleuchten drohend vor dem parkenden Auto. Ich konnte von hier oben die Marke des blockierenden Fahrzeugs nicht genau ausmachen. Es war aber wohl ein Auto der gehobenen Mittelklasse. Meine Nase war vom Pressen gegen die Scheibe schon ganz kalt geworden. ›Langsam könnte da mal etwas passieren‹, dachte ich, als die Stimme aus dem Lautsprecher erneut ertönte. Dieses Mal klang sie noch genervter und ließ keinen Zweifel daran, dass die Nichtbeachtung der Aufforderung tief greifende Konsequenzen für den Falschparker haben würde. Es waren insgesamt vielleicht fünf Minuten vergangen. Fünf Minuten, die eventuell fehlten, um jemanden vor dem Tod oder zumindest schweren körperlichen Schäden zu bewahren. Jetzt setzte der Notfallwagen zurück. ›Sollte er sich der Ignoranz und Dickfelligkeit eines Falschparkers beugen und einen anderen Weg in die Klinik suchen?‹ Ich hörte das Quietschen der Reifen, als der Wagen aus kurzer Distanz auf das Fahrzeug in der Einfahrt zu beschleunigte und mit voller Wucht dagegen prallte. Das hatte ich nun wirklich nicht erwartet und der Fahrer des demolierten Wagens bestimmt auch nicht. Das Warten mit eiskalter Nase hatte sich gelohnt. Der Notfallwagen schob das im Weg stehende Fahrzeug mit lauten Geräuschen berstenden Metalls aus dem Weg. Am liebsten hätte ich von hier oben Beifall geklatscht, aber mich hätte ja eh keiner gehört. ›Hoffentlich darf ich noch den Fahrer erleben, wie er entsetzt sein Auto mustert, das nur noch ein Schrotthaufen ist‹, dachte ich.

Und da war er schon. Ein Mann rannte wild gestikulierend auf die beiden Notfallhelfer zu, die den Verletzten aus dem Wagen holen wollten. Besonders einer von ihnen hatte eine stattliche Figur, mit der er beim Wrestling im Fernsehen hätte auftreten können. Der heranstürmende Fahrer musste das auch bemerkt haben. Jedenfalls bremste er seinen Sturmlauf in gebührendem Abstand ab und gestikulierte aus sicherer Entfernung weiter. Die Helfer schien das nicht zu interessieren. Als heraneilende Menschen in weißen Kitteln die Trage aus dem Notfallwagen schoben, stiegen die Notarzthelfer wieder ins Fahrzeug und fuhren, ohne den Parksünder eines Blickes zu würdigen, weg. Einzig der Verursacher der »Einschrottung« stand noch hilflos vor den Resten seines Wagens. ›Ob ihm das eine Lehre ist?‹, fragte ich mich vergnügt. Meine Schadenfreude lenkte mich vollständig von der bevorstehenden Untersuchung ab. So viel Spaß hatte ich seit einer Woche nicht mehr gehabt.

Als meine Nase langsam wieder auftaute, sah ich unten ein Taxi kommen. Es konnte meines sein, weshalb ich mich direkt auf mein Zimmer begab. Vor dem Patientenzimmer sah ich schon die Stationsschwester mit einem Umschlag in der Hand stehen. »Wo waren Sie denn, Herr Riepe? Ihr Taxi wartet.«

»Ich musste noch die Vorführung bis zum Finale verfolgen«, entgegnete ich und konnte mir ein ausladendes Grinsen nicht verkneifen. Die Schwester schaute nur verständnislos und ich machte mich zum Taxi auf.

Es stand gleich vor dem Eingang des Klinikums, der Fahrer rauchend davor. Ich fragte ihn, ob er auf mich wartete, und stieg auf seine Zustimmung hin ein. »Stört es Sie, wenn ich rauche?«, waren seine ersten Worte, als ich mich gerade anschnallte. »Nein, stört mich nicht, rauche selber«, entgegnete ich. In den letzten Tagen hatte ich nach einer dreimonatigen Rauchpause selbst wieder mit dem Qualmen angefangen. Mein Blick musterte das Innere des Taxis und mir fiel als Erstes der vor alten Kippen berstende Aschenbecher auf. Der Boden im Fahrerraum war bedeckt mit Asche. Schon bereute ich meine Entscheidung, den Mann rauchen zu lassen.

»Es stört Sie sicherlich nicht, wenn ich das Fenster einen Spalt öffne?«, fragte ich, während meine rechte Hand die Fensterkurbel schon in der Hand hielt. »Doch! Das geht nicht! Das geht nicht!«, schrie der Fahrer entsetzt. Erschrocken riss ich die Hand zurück. Ich meinte, einen Hauch von Wahnsinn in seinen Augen aufblitzen zu sehen, und zog es vor, auf die Sauerstoffzufuhr vorerst zu verzichten. Wenn ich geahnt hätte, dass ich einem Nikotinjunkie härtester Kategorie in die Hände gefallen war, hätte ich höflich gebeten, nicht zu rauchen. Auf dem Weg zur nächsten, nahe gelegenen Ampelkreuzung vollbrachte der Fahrer das Kunststück, drei Zigaretten zu rauchen. Ein Blick auf die Finger seiner rechten Hand verriet mir, dass sein Körper nur noch durch Teer und Nikotin zusammengehalten wurde.

Nach einer Pause des Schweigens und weiteren drei Zigaretten hatte sich der Fahrer von dem Schock, mit Sauerstoff konfrontiert zu werden, erholt und begann über seinen Lebensmittelpunkt, das Rauchen, zu berichten. Was ich erfuhr, ließ mich auf meinem Sitz unruhig in Richtung Autotür rutschen. Ich versprach mir davon auch, einige Luftmoleküle am oberen Rand der Scheibe zu ergattern. Rauch ist schwerer als Luft. Der Mercedes war schon älteren Semesters, und die Dichtungen waren zum Glück durchlässig. Ich hörte, wie der Fahrer davon sprach, mehrmals in der Nacht aufzuwachen, um seiner Sucht zu frönen. Dass er während einer Mahlzeit, quasi zwischendurch, immer noch schnell eine Zigarette rauche und dass jeder Versuch, mit dem Rauchen aufzuhören, gescheitert sei. Aus den Augenwinkeln beobachtete ich, wie er beide Hände am Lenkrad hielt und seine Zigarette aus dem Mundwinkel gekonnt bis zur Mundmitte und zurück wanderte. Die Asche fiel unbeachtet auf den Boden. Jeder wird sagen: »Das hätte ich mir nie bieten lassen, ich hätte sofort das Taxi verlassen. Dem hätte ich meine Meinung gegeigt! Ich hätte mich bei der Taxifahrergewerkschaft beschwert.« Ich tat gar nichts. Mir steckte die Angst vor der Untersuchung in den Knochen und ich war völlig verunsichert. Außerdem versetzte mich der Suchtkranke mit seinem nikotingetränkten Blick in Schrecken. Wie ein Mäuschen, das in die Ecke gedrängt wird, saß ich zusammengekauert im Taxi.

Dann gingen dem Junkie die Zigaretten aus und er hielt an einer Tankstelle kurz vor Detmold an. Als er die Fahrertür öffnete, stürzte ich mich auf die hereinströmende frische Luft. Viel länger hätte ich es ohne Sauerstoff nicht mehr ausgehalten. Mit bangem Blick zum Verkaufsraum öffnete ich vorne das Fenster einen ganz kleinen Spalt und griff hinter mich zur hinteren Tür, um auch dort einen kleinen Spalt am Fenster zu schaffen. Mit viel Glück bemerkte der Fahrer die Luftzirkulation auf meiner Seite nicht. Das Glück war mir hold. Ich konnte den Rest der Höllentour unbemerkt mit dem Mund am Spalt des Fensters der Beifahrertür Luft tanken.

An der Privatpraxis für Radiologie angekommen öffnete ich die Taxitür und Rauchschwaden zogen gen Himmel. Ich hatte überlebt. Der Taxifahrer wünschte mir alles Gute und meinte, wegen der Länge der Untersuchung solle ich ein anderes Taxi für die Rückfahrt bestellen. So ging ich hinein, gab meinen Umschlag, den ich vom Krankenhaus mitbekommen hatte, an der Anmeldung ab und nahm im Warteraum Platz. Nach kurzer Zeit begrüßte mich ein Mann, etwa Mitte vierzig, in Zivil, was ihn nicht als Arzt erkennbar machte. Er stellte sich ohne Titel, einfach mit Namen vor und äußerte zuerst seine Verwunderung über die beauftragte Untersuchung. Da ich keinen Schimmer hatte, was denn genau untersucht werden sollte, konnte ich wenig beisteuern. Er erklärte mir, dass die fällige Untersuchung normalerweise nicht an einem Termin gemacht werden könnte und ich noch einmal wieder kommen müsste. In meinen Gedanken tauchte wieder der wahnsinnige Taxijunkie auf. Er hatte einen Irokesenschnitt und trug eine Militärjacke und Springerstiefel. So hörte ich überhaupt nicht richtig hin und bat, ausnahmsweise die Untersuchung, da ich jetzt schon mal da wäre, in einem Rutsch zu machen. Der Grund für die Aufteilung der Untersuchung war mir indes entgangen. Nachdenklich musterte mich der Radiologe und stimmte widerwillig zu. Da ich roch wie ein Räucheraal, war mir klar, warum er mich so musterte.

Nach einer weiteren einstündigen Wartezeit wurde ich zur tatsächlichen Untersuchung aufgerufen. Eine radiologisch-technische Assistentin holte mich ab. Es ging ein paar schmale Gänge, verbunden über schmale Stiegen, hinunter in das Untergeschoss. Je näher wir dem Ziel kamen, umso deutlicher drang ein merkwürdiges Geräusch an mein Ohr:

»Umpf, umpf, umpf, …«, tönte es mit stupider Gleichmäßigkeit. Der lange Weg mündete schließlich in einer Art Kommandoraum mit vier Computerplätzen vor einer mindestens vier Meter breiten und zwei Meter hohen Glaswand, durch die man in einen Untersuchungsraum blicken konnte. Links neben der Glaswand befand sich eine Tür, die über fünf Stufen dorthin hinab führte. Als die Assistentin die Tür öffnete, verstärkte sich das dumpfe »Umpf, umpf, umpf, …« merklich. Vor uns stand das modernste Wunderwerk der Diagnostik, der Magnetresonanztomograf: das Monster. Es war nur ein Teil der Maschine zu erkennen. Der Rest war eingemauert, wodurch sich ihre Größe nur erahnen ließ. ›Oops‹, dachte ich, als ich die Öffnung der Röhre genauer ins Visier nahm. Ich schaute an mir runter und warf einen fragenden Blick zur Assistentin. Mit einem gequälten Lächeln sagte sie:

»Das könnte eng werden!« Jetzt wurde mir richtig klar, warum mich der Radiologe so gemustert hatte. Meine erhebliche Leibesfülle, die ich in neun Monaten, während der Schwangerschaft meiner Frau Manu, durch ausgelassene lukullische Exzesse aufgebaut hatte, musste wahrscheinlich vor dem Einfahren in die Röhre in eine andere Form gebracht werden. Manu hatte nach fast genau einem Jahr, wir feierten den ersten Geburtstag meiner Tochter Lea im Krankenhaus, wieder ihr Normalgewicht, während ich die neunzehn Kilo Gewichtszunahme immer noch mit mir herumschleppte. Einhundertsieben Kilo waren auf einem Meter neunundsiebzig einfach zu ungünstig verteilt.

»Umpf, umpf, umpf, ...«, kam es ohne Pause aus dem Schlund des Monsters. Als wenn es die Zunge herausgestreckt hätte, ragte die Liege, deren Liegefläche elektrisch im Schlund versenkt werden konnte, in den Raum. »Umpf, umpf, umpf, ...«

»Wir mussten schon Patienten, die zu dick waren, wieder nach Hause schicken«, unterbrach Schwester Katrin das Stampfen des Monsters.

»Wie haben Sie das denn herausgefunden?«, fragte ich mit einem angestrengten Lächeln, um die Atmosphäre aufzulockern. »Wir haben's nicht ausprobiert, wenn Sie das befürchten, und es ist auch noch nie jemand stecken geblieben.«

»Einmal ist immer das erste Mal!«

»Haben Sie Platzangst?«

»Keine Ahnung, in so einem engen Raum habe ich noch nie gelegen«, antwortete ich. Dann folgten die obligatorischen Fragen. »Tragen Sie losen Zahnersatz? Dann bitte ich Sie, diesen sowie alle anderen metallischen Gegenstände, wie Schlüssel, Geld usw., in dieses Kästchen zu legen.« Bei dem Gedanken, wer schon alles sein Gebiss in dieses Kästchen gespuckt haben mochte, fiel es mir schwer, Schlüssel und Portemonnaie hineinzulegen. Dann wurde es ernst. Ich zog mich bis auf Unterhose und Unterhemd aus und legte mich auf die Zunge des Monsters. Mir entging nicht, wie mich die Assistentin von oben bis unten beäugte. Da half auch Bauch-bis-zum-Anschlag-Einziehen nichts. Ich lag angespannt, in nervöser Erwartung vor dem Schlund des Monsters. Endlich kam der Radiologe und erklärte mir, was nun folgen würde. Man würde Kopf und Rücken untersuchen, das Ganze jeweils mit Kontrastmittel, das ich intravenös über einen Zugang im Arm verabreicht bekäme. Bei Zugang fiel mir so etwas wie ein drittes Nasenloch ein oder andere Öffnungen, von denen die notwendige Anzahl eigentlich vorhanden sein musste. Ich bin ganz ehrlich. Das Schlimmste, was ich mir damals überhaupt vorstellen konnte, war eine Infusion. »Da hat aber keiner was von gesagt!«, entglitt es mir, Blässe im Gesicht. »Wir geben Ihnen einen Klingelknopf in die Hand. Falls Ihnen übel wird oder irgendetwas anderes passiert, benutzen Sie ihn bitte. Dann werden Sie sofort herausgefahren.«

›Wenn das Monster mich tatsächlich wieder ausspuckt‹, dachte ich. ›Außerdem: Was redet der über Übelkeit nach der Infusion. Mir wird schon beim Gedanken an Löcher durch eine Nadel übel.‹ Nachdem ich in der Vorwoche das erste Mal über eine Nadel Blut abgeben musste, sollte ich mich nun auch noch von etwas, das in meinem Körper nichts zu suchen hatte, befüllen lassen.

Mit dem Hinweis »Jetzt piekt es mal kurz« spannte ich mich wie ein Flitzebogen an und Angstschweiß trat auf meine Stirn. »Bleiben Sie ganz locker, Herr Riepe, das Kontrastmittel wird später zugegeben. Wir starten den ersten Durchlauf ohne Kontrastmittel.« Ich konzentrierte mich mit geschlossenen Augen so auf meine Nadelphobie, dass ich das Eindringen nicht einmal spürte. »Möchten Sie einen Kopfhörer?« Ich dachte, das würde mich noch mehr einengen, also entschied ich mich dagegen. Nun stülpte die Assistentin mir eine Art Käfig über den Kopf, in dem ich bis zur Bewegungsunfähigkeit fixiert wurde.

»Umpf, umpf, umpf …«

Mein Blickfeld war auf einen kleinen rechteckigen Ausschnitt Käfig beschränkt. In der rechten Hand hielt ich den Klingelknopf so fest, dass sich meine Hand schon vor dem Eintritt in den Schlund verkrampfte. Den linken Arm mit der Infusionsnadel in der Vene hielt ich gestreckt am Körper.

»Umpf, umpf, umpf …«

»Alles klar mit Ihnen, Herr Riepe? Das Ganze wird jetzt etwa eineinhalb Stunden dauern. Wenn irgendetwas nicht in Ordnung ist, klingeln Sie bitte.« Durch mein Guckloch sah ich den Radiologen sprechen und dachte: ›Der hat doch nicht von umgerechnet neunzig Minuten gesprochen. Kein Mensch hält es hier drin neunzig Minuten aus, bewegungslos, auf dem Rücken liegend, mit angeschraubtem Kopf.‹

»Jetzt geht's los, Herr Riepe! Sie sollten vielleicht die Augen schließen. Keine Angst, wir können Sie jederzeit herausholen«, hörte ich die Assistentin sagen. Es begann.

»Umpf, umpf, umpf …«

Die Zunge des Monsters sog mich langsam und genüsslich in seinen Schlund. Bis zu den Schultern war es kein Problem. Mit geschlossenen Augen zog ich die Schultern, so weit es ging, zusammen. ›Die hätten mich vorher am ganzen Körper mit Vaseline einreiben sollen. Und hoffentlich kriegt das Monster keine Schluckbeschwerden.‹ Die Schultern waren drin, was meinen ohnehin üppigen Bauch zusätzlich nach oben drückte. Ich kam mir vor wie frische Wurstmasse beim Befüllen eines Kunstdarms. Es presste mir den Brustkorb zusammen und ich hatte große Zweifel, jemals wieder aus dem Monster herauszukommen. Über einen Lautsprecher hörte ich die Assistentin fragen, ob alles in Ordnung sei. Das war nur eine rhetorische Frage, da ich nicht antworten konnte. Auf der ganzen Länge im Monster angekommen, riskierte ich mit einem Auge einen Blick in die Röhre. Direkt vor meinen Augen war die Decke. Zwischen ihr und meiner Nase vielleicht noch ein Abstand von drei Zentimetern. Na gut, mir war ja auch ein anständiger Kolben mit in die Wiege gelegt worden, trotzdem war die Enge beängstigend. Ich versuchte, den Eingang der Röhre zu erspähen. Es gelang mir aber nicht, was nicht unbedingt zu meiner Beruhigung beitrug. »Wir starten jetzt, Herr Riepe, es wird laut.«

»Umpf, umpf, umpf, tack, tack, tack, ratta, ratta, ratta ...«

Der Lärm war ohrenbetäubend und es sollte noch weiter zu einem »Klock, klock, klock, brrrrrrr ...« anschwellen.

Das Monster hämmerte wie eine Dampframme auf mein Gehirn ein. ›Hätte ich doch bloß den Kopfhörer genommen.‹

Als ich den immensen Lärm langsam ausblenden konnte, begannen die Rückenschmerzen in den Vordergrund meines Bewusstseins zu treten. Rückenschmerzen waren der Hauptgrund für meinen Krankenhausaufenthalt. Nach kurzer Zeit wurden sie jetzt unerträglich. Ich ertrug sie gezwungenermaßen. Selbst geringste Bewegungen waren in dieser Enge nicht möglich. Rückenschmerzen!

»Umpf, umpf, umpf ...«

Das Monster hatte aufgehört zu brüllen und war wieder in das eintönige Atmen übergegangen. Mir ist heute nicht mehr klar, wie ich die Tortur ertrug, ohne die Notklingel zu betätigen. Jedenfalls hatte ich eine Stunde und vierzig Minuten in der lärmenden Hölle verbracht und überlebt. Die Zunge fuhr langsam wieder aus dem Schlund. Die Assistentin befreite mich von der Infusionsnadel und versuchte, mir die Notklingel mit den Worten: »Herr Riepe! Herr Riepe! Sie können die Klingel jetzt loslassen, wir sind fertig!« aus meiner total verkrampften Hand zu nehmen. In meinem Kopf klopfte es immer noch weiter.

»So, Sie können nun aufstehen und sich anziehen. War doch gar nicht so schlimm! Warten Sie bitte draußen, bis der Bericht fertig ist. Alles in Ordnung mit Ihnen?« Ich war zu keiner Antwort fähig, aber die Frage war wohl auch wieder nur rhetorischer Art. Jedenfalls war ich, eh ich mich versah, allein mit dem Monster. »Aufstehen, ach ja, ich sollte aufstehen.« Unmöglich, wie sollte ich in dem verkrampften Zustand aufstehen und von der Trage hüpfen? Die Assistentin war weg und meine Notklingel auch. Schreien brauchte ich natürlich auch nicht, da die Glaswand aus dickem schalldichten Material war, damit der Radiologe beim Arbeiten des Monsters keinen Hörschaden bekommt.

»Umpf, umpf, umpf …«

Sollte ich mich einfach von der Trage rollen und hoffen, dass ich vor dem Aufprall wieder bewegungsfähig würde? Meine Entscheidung zu warten war sicher richtig und so verbrachte ich weitere zehn Minuten in der unbequemen Position, bis der Assistentin auffiel, dass ich noch auf der Trage lag.

»Herr Riepe, was ist los, wieso liegen Sie denn immer noch hier?« Ich konnte lediglich einen gequälten Gesichtsausdruck aufsetzen, als mir die Frau mit Hilfe des herbeigeholten Radiologen von der Trage half. Anziehen konnte ich mich allein auch nicht mehr. Der Radiologe sagte mir, dass der Bericht schon fertig sei und dass das Taxi bereitstünde. Man schob mich mit dem Rolli zum Ausgang der Praxis, wo der Taxifahrer schon wartete.

Er war derselbe wie auf der Hinfahrt. Mir war alles egal, das Monster hatte mich ausgespuckt und der psychopathische Taxifahrer war nur noch eine kleine Hürde.

»So, alles klar? Hat ja ganz schön lange gedauert! Habe zwischendurch noch zwei andere Fahrten gemacht und war zufällig wieder in der Nähe …« Er steckte sich gerade eine neue Zigarette an, als er die Taxitür hinter mir schloss.

# Der Admiral

Ich liege wach. Mein Bettnachbar, der Admiral, Träger der Augenklappe erster Ordnung, Ende siebzig, schläft seinen unruhigen Schlaf. Schlaganfallpatient. Unruhig ist etwas untertrieben. Der Geräuschpegel, den der Mann in Form von Nerven zerfetzenden Schallwellen in den Raum schnarcht, gleicht dem eines startenden Düsenjägers. ›Wie ist es möglich, dass der Mensch bei diesem selbst verursachten Lärm schlafen kann?‹, frage ich mich. Ich schaue zu ihm rüber. Von seinem Gesicht kann man die tiefe Zufriedenheit und das wohlige Gefühl eines entspannten Schlafs ablesen. Der Mund öffnet sich und eine weitere Welle unerträglicher Schnarchgeräusche, gefolgt von Schmatzen beim Anfeuchten des Rachens, erfüllt den Raum.

Wieso nimmt der Admiral den wohltuenden Schlaf schamlos für sich in Anspruch? Ich liege da und starre unter die durch das Nachtlicht angestrahlte Zimmerdecke.

Wieso nimmt der Admiral keine Rücksicht auf mich?

Wieso bin ich so gestraft?

Wieso lasse ich diese Folter überhaupt über mich ergehen?

Es ist nun halb zwölf Uhr nachts. Ich habe seit zehn Tagen nicht mehr durchgeschlafen. Der Admiral nimmt kurzzeitig die leisere Seitenlage ein. Jetzt heißt es schnell einschlafen. ›Augen zu. Konzentrier dich. Ruhe! Mein Arm wird ganz schwer. Meine Beine sind ganz schwer.‹ Keine Chance. Auf Befehl kann man selbst nach zehn Tagen Schlafentzug nicht einschlafen oder vermutlich gerade wegen des Schlafentzugs nicht. Ich schaue wieder zu ihm rüber. Die Lösung ist einfach. Vor meinem geistigen Auge öffnet sich die Tür zum Krankenzimmer und zwei dunkle Gestalten in schwarzen Anzügen betreten den Raum. Über den

Anzügen wehen die offenen Lodenmäntel. Es sind die beiden Killer aus *Pulp Fiction*. Gleichzeitig greifen sie zum Waffenhalter, der unter den Mänteln baumelt. Vier 45er Magnum blitzen silbern im fahlen Licht, das vom Gang in das Zimmer dringt.

Werde ich jetzt erlöst? So oder so.

In diesem Moment werde ich wieder wach. Der Schlaf hatte mich doch gepackt und mir eine kurze unruhige Pause verschafft. Was sind das für Geräusche? Das Schnarchen ist verstummt. Der Admiral beschäftigt sich um zwei Uhr nachts mit der Verrichtung seiner Notdurft. Er müht sich redlich.

»Aahhh, mmhh, oohh, pruntz.«

Muss man den Toilettengang so laut vollziehen?

Der Admiral scheißt sich die Seele aus dem Leib. Unterdessen ziehe ich mir die Bettdecke über den Kopf. Ich habe die wage Hoffnung, dass er nach getaner Arbeit wenigstens einmal die Tür hinter sich schließt. Nein. Er lässt die Tür auf und die Luft, die er mit seinem Körper beim Eintreten ins Zimmer verdrängt, strömt aus der Toilette nach. Nun stinkt es im Zimmer. Wie jede Nacht. Wie in einer Kloake.

Was hat der Admiral bloß gegessen? So muss Verwesung riechen.

Wie kann man nur jede Nacht seinen Stuhlgang um zwei Uhr nachts durchziehen?

Man sagt doch immer, alte Leute benötigen nicht mehr viel Schlaf! In diesem Fall weit gefehlt. Jeden Tag um 14.00 Uhr legt sich der Admiral für ein kurzes Mittagsschläfchen bis etwa 17.00 Uhr hin. Währenddessen drehe ich die Musik in meinem Kopfhörer gnadenlos laut auf. Die Klänge verdrängen die röchelnden Geräusche des Admirals und ermöglichen mir, in meiner Lieblingsmusik zu versinken. Mein Schlaf ist dennoch unruhig. Nach dem Abendessen um 18.30 Uhr macht sich der Admiral langsam wieder bettfertig. 19.30 Uhr liegt er bereit, eine weitere grauenvolle Nacht einzuleiten. Jetzt wird mir klar, wieso er um 2.00 Uhr nachts schon wieder kacken muss. Nach sieben Stunden Schlaf ist der Darm eben wieder bereit, den Betrieb aufzunehmen. Ich gehe immer erst um 0.00 Uhr ins Bett.

Ist das normal?

Was ist hier überhaupt normal?

Wann kommen endlich die schwarzen Jungs mit den 45ern wieder?

Kann man so wichtige Sachen, wie seinen Bettnachbarn zu erschießen, Fremden überlassen?

Sollte man das nicht selbst in die Hand nehmen?

3.30 Uhr schlafe ich kurz ein. Um 5.30 Uhr kommen die Schwestern.

# Das erste Mal mit der Deutschen Bahn

Schon lange hatte ich mich auf den Besuch meiner Freunde in Troisdorf gefreut. Ich brauchte nur noch die Fahrkarte für Hin- und Rückreise mit der Bahn und das Abenteuer konnte starten. Es war Ewigkeiten her, dass ich mit der Bahn gefahren war. Bahnfahren bedeutete bisher für mich eine merkwürdige Mischung aus langen Wartezeiten und gehetztem Rennen über endlose Bahnsteige. Nun, ich wollte mich ja perfekt vorbereiten, also beschloss ich, mir Platztickets zu besorgen. Um dem großen Stress beim Umsteigen zu entgehen, schaute ich nach der direkten Intercity-Verbindung von Bielefeld nach Köln Hauptbahnhof. Nach kurzer Internetrecherche fand ich den passenden Zug zur passenden Uhrzeit.

Nun ging es ans Buchen. Manu und ich gingen zum Herforder Bahnhof, um das Ticket für mich zu besorgen. Vielleicht hatte der undurchdringliche Dschungel von Ermäßigungen und Sondergebühren für alle nur erdenklichen Fälle des Reisens mit der Bahn auch für mich ein Schnäppchen parat. Die persönliche Beratung des Bahnbeamten musste diesbezüglich leistungsfähiger sein als die Eigenrecherche im Internet, dachte ich zumindest.

Außerdem wollte ich einen Behindertenplatz, auch wenn ich ihn nicht unbedingt brauchen würde. Die paar Meter vom Bahnsteig in den Zug und zum Platz sollten eigentlich kein Hindernis darstellen. In meiner Vorfreude machte ich mir keine großen Gedanken – und überhaupt, der Bahnbeamte würde es schon richten.

Zum unübersehbaren Beweis für meinen Anspruch auf einen Behindertenplatz fuhr ich im Statussymbol für Gehbehinderte, dem Rollstuhl, zum Bahnschalter. Als wir dort ankamen, war niemand vor uns und wir konnten sofort loslegen. Dass der Schalter eine gewisse Behindertentauglichkeit vermissen ließ, verursachte mir erstes Unbehagen. Um den Bahnbeamten sehen zu können, hätte ich so weit Abstand nehmen müssen, dass ich ihn hätte per Handy anrufen müssen, um ein Ticket zu bestellen. Direkt vor dem Schalter kam ich mit der Kopfhöhe nicht mal bis zum Ablagebrett.

Der Beamte hatte mich jedoch trotzdem aus den Augenwinkeln ausgemacht, ohne mich oder Manu auch nur eines direkten Blickes zu würdigen. Manu trug unser Anliegen auf ein Behindertenticket mit dem Intercity von Bielefeld nach Köln vor, während der Beamte wortlos weiterhin auf seinen Monitor starrte. O. k., es konnte ja nichts schiefgehen, denn dass ich mit Rolli unterwegs war, hatte bestimmt selbst dieser von der Außenwelt abgekoppelte Schalterbeamte gesehen.

Nach einigen Sekunden drehte er uns wortlos den Monitor zu, auf dem die Zugverbindung samt Ticketpreis aufleuchtete. Manu bestätigte mit einem »Ja, ist o. k.« und sah fragend auf mich herunter. Ich hatte den Monitor aus meiner etwas ungünstigen Position nicht einsehen können, bestätigte aber mit: »Klar, wird wohl.« In diesem Moment passierte etwas Erstaunliches.

»Das macht 72 Euro.« Der Mensch konnte ja doch sprechen. Es war zwar nicht viel, aber nachdem wir vermutet hatten, der arme Mann sei mit Stummheit geschlagen, war uns gleich viel wohler. Voller Enthusiasmus startete Manu eine weitere Frage, deren Beantwortung das Formulieren von verständlichen Lauten ohne Monitor voraussetzte.

»Müssen wir bei dem Behindertenticket irgendetwas beachten?« Gespannt versuchte ich einen Blick auf den Schalterbeamten zu erhaschen, indem ich mich so weit hochbockte, wie es irgend ging. Die Mühe war vergebens. Nach einem kurzen »Nein« schlief die angeregte Diskussion mit dem Schalterbeamten wieder ein. ›Wenn das mal gut geht‹, dachte ich, während Manu das schon fertig ausgedruckte Ticket entgegennahm. Wir schauten uns noch einmal an, verzichteten aber auf weitere ausschweifende Debatten mit dem Beamten.

Der Tag der Bahnfahrt rückte immer näher, und ich hatte die Abholmodalitäten am Kölner Hauptbahnhof mit meinem Freund detailliert geklärt. Man muss nur die Zone wissen, in der der Zug mit den entsprechenden Abteilen stehen bleibt. Dort sollte er mich in Empfang nehmen. Jetzt war nur noch die Frage zu klären, welche Mobilgeräte ich aus meiner reichhaltigen Palette mitnehmen sollte, Rollator oder Rolli oder vielleicht doch nur die Stützen. Aber was wäre, wenn wir abends Essen gehen wollten und wegen Parkplatznot der Weg zum heiß erwarteten Mahl zu weit wäre? Ich entschied mich für Rolli und Stützen.

Am Morgen der Bahnfahrt fragte meine Mutter noch kurz an, ob wir etwas dagegen hätten, wenn sie zum Bahnhof mitkäme. Die Fragestellung allein verbot natürlich jegliche Bejahung, so erwiderte ich, dass es selbstverständlich kein Problem wäre und sie gern mitkommen könnte. Für die Kinder, die bei guten Freunden untergebracht waren, war auch gesorgt. Wir fuhren also zu dritt nach Bielefeld zum Hauptbahnhof und waren ausreichend früh vor der Zugabfahrt vor Ort.

Die erste Hürde türmte sich in Form eines nicht vorhandenen Parkplatzes auf. Nach endloser Sucherei hatte Manu die Nase voll und stellte sich widerrechtlich auf einen Behindertenparkplatz. Das behagte mir überhaupt nicht, da ich beschlossen hatte, das ausstehende Sozialgerichtsverfahren zur Anerkennung des Merkzeichens AG abzuwarten und bis dahin keinen widerrechtlichen Parkvorgang durchzuführen. Erst mit diesem AG würde ich die Lizenz zum Parken auf einem Behindertenparkplatz erwerben. Was sollte ich also Falschparkern erzählen, wenn ich die Regeln selbst nicht befolgte? Meine Freunde hielten mich übrigens für total bescheuert ob dieser Geisteshaltung, aber man muss seine Prinzipien nicht wegen körperlicher Defizite über Bord schmeißen. Außerdem stand der Termin vor Gericht schon fest, und ich hatte damals noch die irrige Idee, dass der normale

Menschenverstand siegen und ich in den erlesenen Kreis der Vorteilsnehmer staatlicher Subventionen aufgenommen werden würde.

Das ist ja ähnlich wie bei anderen Regeln auch, zum Beispiel beim zulässigen Gesamtgewicht eines Fahrzeugs oder so. Da fällt man eben drunter oder nicht. Wobei sich in der Handicap-Branche die Limits permanent verschieben, was im übertragenen Sinne bedeuten würde, dass ein S-Klasse-Mercedes von heute auf morgen der LKW-Klasse zugeordnet werden könnte. Das Beispiel hinkt natürlich etwas, da der typische S-Klasse-Fahrer nicht mit dem typischen Rollstuhlfahrer vergleichbar ist. Die Lobby der Behinderten ist sicherlich auch kleiner. Zurzeit stand jedenfalls das Limit zur Benutzung eines Behindertenparkplatzes bei einer Gehstrecke von 30 Metern, mehr durfte man nicht schaffen und musste nach 30 Metern auch definitiv zusammenbrechen, ohne wieder auf die Beine zu kommen.

Durch ein Versehen in meiner ersten Reha – die Dame, die mich behandelte, war leider der deutschen Sprache nicht mächtig – vertauschte man meinen Zustand zu Beginn der Reha mit dem am Ende. So etwas kann natürlich schon mal vorkommen und dass man jeden Reha-Bericht mit seinem Rechtsanwalt gegenlesen muss, wusste ich damals auch noch nicht. Nun stand unwiderruflich in meine Akten eingebrannt: »Herr Riepe können Gehstrecke ohne Hülfsmüttel von 50 Meter kommen.« Da sind die deutschen Juristen ja pfiffig. Der entscheidende Satz wurde auf seine Kernaussage »Riepe, Gehstrecke, 50 Meter« konzentriert. Was die nette Gynäkologin aus Rumänien wirklich sagen wollte, wird uns ewig verschlossen bleiben. Und wie das Wort »Hülfsmüttel« in Zusammenhang mit dem deutschen Behindertenrecht zu bringen ist, hatte der Sachbearbeiter des Versorgungsamtes in freier Interpretation auch gegen mich verwendet. Aber ob 30 oder 50 Meter spielte im Moment keine Rolle, da beides nicht ausreichte, um vom Behindertenparkplatz den Bahnsteig zu erreichen.

Nach dem Falschparken vor dem Bahnhof machten wir uns also mit Sack und Pack zum Bahnsteig auf. Als wir den Bahnhof betraten, stellte ich fest, dass sich alles doch sehr verändert hatte, seit ich das letzte Mal mit dem Zug gefahren war. Die Gleise waren aber immer noch an der gleichen Stelle. An Gleis 4 sollte der Zug abfahren. Da standen wir nun am Fuße einer Rolltreppe, die nicht in Betrieb war, und schauten die endlosen Stufen zum Bahnsteig hinauf.

Meine Mutter machte sofort den Vorschlag: »Sollen wir nicht besser den Aufzug nehmen?« Grundsätzlich erst mal eine tolle Idee, nur keiner von uns sah einen Aufzug. Offensichtlich gab es keinen Personenaufzug. Ich hätte dem Rat meiner weisen Frau folgen sollen, jemanden zu fragen – Frauen sind da ja viel praktischer veranlagt als wir Männer, die immer erst mal mit ihrem starken Ego beschäftigt sind und meinen, selbst herausfinden zu müssen, wie etwas läuft. Meine Entscheidung stand fest.

»So eine lächerliche Treppe schaffe ich doch locker!« Also nahm meine Mutter das Rollisitzkissen und die Tasche, während Manu den Rolli die Treppe hinaufwuchtete. Ich war schon genügend mit meinem nicht unerheblichen Eigengewicht auf Krücken beschäftigt. Die Treppe zog und zog sich und auf der Mitte hatte ich meine Entscheidung schon bereut.

Ein Blick auf die Uhr verriet, dass auch die Zeit langsam knapp wurde. Ich kam mir immer noch vor wie bei der Besteigung des Matterhorns, während Mutter und Manu schon lange oben angekommen waren.

Zu meiner Entschuldigung gab ich oben zum Besten, dass der Treppenstufenabstand für mich ungünstig sei, was ich vorher nicht hätte einschätzen können, mein Aufstieg sei dadurch erschwert worden. Der Zug war noch nicht da, aber über den Lautsprecher kam schon die Ankündigung, dass er jetzt einfahren werde. Manu ließ sich auf keine weiteren Diskussionen über die Fortbewegungsart auf dem Bahnsteig ein, sondern verfrachtete mich mit kurzen Anweisungen in den Rolli und schob mich in die Abfahrtszone. Ich war sehr erstaunt über die vielen Menschen, die offensichtlich mit dem Zug fahren wollten. Hatten die alle kein Auto?

Als der Zug kreischend einfuhr, standen wir blitzartig in der dritten Reihe. Die Bahnprofis hatten sich schon, wie beim Rugby, mit vollem Körpereinsatz in eine günstige Ausgangsposition gebracht. Wir blieben derweil ganz ruhig und stellten uns mit britischer Gelassenheit an. Das sollte sich als Fehler erweisen. Als ich endlich die Tür sah, kam von hinten eine rüstige Mitsechzigerin, die mich mit einem gekonnten Bodycheck aus der Richtung schoss, um dann zwei Koffer vom Bahnsteig in den Zug zu schleudern und mit einem Hechtsprung selbst hinterher zu folgen.

›Donnerwetter‹, dachte ich immer noch nicht beunruhigt, ›die hat es aber wirklich drauf. Zwar etwas übertrieben, aber sportlich.‹

Der Bahnsteig war nun komplett leer, und ich stützte mich aus dem Rolli auf die Krücken, um in den Zug zu kommen. Ich hatte gerade meinen rechten Fuß auf die erste Stufe gebracht, als ich den Schaffner zur Abfahrt pfeifen hörte.

Jetzt setzte schlagartig Panik bei uns ein. Manu versuchte in Windeseile den Rolli zusammenzuklappen, während sich meine Mutter mit Entsetzen in den Augen an meinem Sitzkissen festklammerte. Die Sekunden verrannen wie in Zeitlupe. Ich hatte das Innere erreicht, während Manu die Tasche hereinschob. Es fehlte also nur noch der Rolli. Manu war noch nie sehr sportlich und von Kontaktsportarten wie Rugby hielt sie schon mal gar nichts. Das hatte zur Konsequenz, dass sie den Fehler machte, den Zug zu betreten, als sie den Rolli hereinstellte.

Der Zug fuhr in diesem Augenblick schon an und die Tür schloss sich hinter ihr. Meine Mutter krallte sich draußen immer noch am Sitzkissen fest und ihr Gesichtsausdruck wechselte von Entsetzen zu blankem Entsetzen. Als wenn es irgendeinen Sinn machen würde, versuchte sie, immerhin schon über siebzig Jahre alt, neben dem Intercity mitzuspurten, musste das Unterfangen aber am Bahnsteigende abbrechen.

Als der erste Schock abgeklungen war, stellte ich fest, dass ich das Gehen in einem rollenden Zug stark unterschätzt hatte, und war deshalb zur Bewegungsunfähigkeit verdammt. Manus Kommentar war nur: »Na super, und jetzt?« Mit Verzögerung kam in mir die ganze Situation in sich steigernder Wut hoch. Ich ließ meinen Blick durch den Waggon schweifen und sah direkt neben mir einen prima geräumigen Platz, der allerdings mit Koffern zugestellt war. Auf diesem Platz, der mit dem Behindertenzeichen gekennzeichnet war, saß die Rugbyspielerin mit einer Zeitung in der Hand. Ich fragte Manu nach der Platznummer, da ich irgendwie eine andere im Kopf hatte als die über dem Behindertenplatz.

Und richtig, mein Platz befand sich auf der rechten Seite des Waggons ungefähr in der Mitte, am Fenster. Der Zug hatte jetzt richtig Fahrt aufgenommen, und ich kam mir vor wie auf dem Hochseil. Auf der anderen Seite des Waggons tauchte der Verursacher des Fiaskos auf, der Schaffner. Da stand er nun, die Instanz der Deutschen Bahn, Symbol der Macht, in seiner Uniform mit Mütze und Koppel. An der rechten Seite baumelte lässig der transportable Fahrkartenautomat und um den Hals trug er die Trillerpfeife, mit der er die Entscheidung über Abfahrt oder Warten mit einem einzigen Pfiff treffen konnte.

Dem hatte ich nichts entgegenzusetzen, außer meinen jämmerlichen Zustand, schwankend auf zwei Krücken. Ich schrie ihm quer durch den Zug zu, dass es doch wohl nicht sein könne, dass er einfach zur Abfahrt bläst, wenn man noch in der Tür steht. Manu schrie auch etwas Unschönes hinterher. Den genauen Wortlaut möchte ich hier nicht wiedergeben.

Es entwickelte sich ein angeregtes Geschrei quer durch den Waggon, in das die anderen Fahrgäste mit einbezogen wurden. Durch meine Unmutsäußerung zog ich die gesamten Blicke erst mal auf mich. Außer der Rugbyspielerin, die sich auf dem

Behindertenplatz beim Zeitunglesen nicht beirren ließ, harrten alle in freudiger Erwartung des bevorstehenden Spektakels mit Beleidigungen auf beiden Seiten.

Die Köpfe bewegten sich in Richtung des Schaffners, der immer noch locker, leicht breitbeinig und völlig Herr der Lage am anderen Ende des Waggons stand.

»Es sind 300 Personen im Zug, da können wir nicht auf einen Einzigen warten. Wenn wir das an jedem Bahnhof machen würden … Außerdem waren die zwei Minuten Aufenthaltszeit in Bielefeld abgelaufen!«, rief er zu mir rüber.

Auf den Gesichtern der Mitfahrenden war eine gewisse Zustimmung abzulesen. Leicht geneigte Köpfe und gespitzte Münder deuteten einen ersten Punkteerfolg für den Schaffner an. Bei mir lösten seine Argumente nur schwer zu kontrollierende Wut aus, während mein Puls den eines Rennpferdes kurz vor dem Ziel erreichte. Ich wollte gerade mit einer gemeinen Beleidigung entgegnen, als ich die Blicke der Mitreisenden bemerkte, deren Köpfe jetzt alle wieder zu mir gewandt waren.

Kurz entschlossen spielte ich meine schlagkräftigste Karte aus und rief zurück: »Das soll doch wohl ein Witz sein. Bedeutet das, dass die Deutsche Bahn keine Schwerbehinderten befördert? Das sollte öffentlich gemacht werden.«

Damit hatte ich jetzt aber richtig Punkte gemacht, jedenfalls machten allesamt zustimmende Kopf- und Augenbewegungen. In einer Wellenbewegung wogte ihr Blick zurück zum Schaffner, wie zur Unterstützung sah ich fragende, ernste Gesichter.

In diesem Augenblick entschied sich der Schaffner zum Rückzug: Er kam zu einem Vieraugengespräch zu mir herüber. Den Zuschauern war die große Enttäuschung über den Spielabbruch deutlich anzumerken.

»Nun setzen Sie sich erst mal hin und beruhigen sich«, sprach er beschwichtigend wie mit einem Sechsjährigen auf mich ein. ›Leichter gewollt als gekonnt‹, dachte ich, die Aufregung hatte zur völligen Bewegungsunfähigkeit geführt. Ein gerades und ruhiges Streckenstück konnte ich jedoch nutzen, um endlich meinen Platz einzunehmen.

Nun schilderten Manu und ich dem Schaffner die Situation. Dass Oma am Bahnhof in Bielefeld jetzt wahrscheinlich mit Sitzkissen und Nervenzusammenbruch in der Bahnhofsmission saß, dass Manu ungewollt im Zug nach Köln mitfuhr, statt mit dem Auto und Oma – ohne Sitzkissen – auf dem Weg nach Hause zu sein. Und überhaupt: Was hatte die Rugbyspielerin auf meinem Behindertenplatz zu suchen?

Der Schaffner erklärte uns nun auch ganz ruhig, dass Manu erst in Hamm den nächsten Zug zurücknehmen konnte und er ihr eine Sonderfahrkarte ausstellen würde, natürlich umsonst. Zu seiner Entschuldigung wies er uns darauf hin, dass ich nicht angemeldet worden wäre und er diesbezüglich auch keine Notiz bekommen hätte.

Ich hatte also gar keine Behindertenfahrt gebucht.

Jetzt kam mir wieder der mit Stummheit geschlagene Schalterbeamte, der uns das Ticket verkauft hatte, in den Sinn, und ich beteuerte beim Schaffner, mein Anliegen auf einen Behindertenplatz beim Kauf des Tickets deutlich zum Ausdruck gebracht zu haben. Meine Schilderung konterte der Schaffner lächelnd, dass das so ja auch nicht gehe. Ich müsse schon genau sagen, was ich wolle, und ich hätte beim Schalterbeamten ausdrücklich und korrekt einen angemeldeten Schwerbehindertentransport mit Rollstuhl bestellen müssen. Er werde sich aber jetzt sofort mit dem Hauptbahnhof in Köln in Verbindung setzen und den nicht angemeldeten Schwerbehindertentransport nachträglich noch anzeigen.

Langsam beruhigten sich unsere Gemüter, und wir dachten darüber nach, was Oma wohl jetzt am Bahnhof in Bielefeld machte. Sie hatte weder Geld noch Telefon dabei und außerdem stand das Auto immer noch widerrechtlich auf dem Behindertenparkplatz. Wahrscheinlich hatten wir schon längst ein Knöllchen hinter dem Scheibenwischer oder waren abgeschleppt worden.

Es dauerte nicht lange, bis der Zug in Hamm einfuhr. Ich verabschiedete mich von Manu und versicherte mich beim Schaffner, dass er bitte für mein reibungsloses Verlassen des Zuges sorgen möge. Fortan kümmerte er sich für den Rest der Fahrt sehr um mich, schaute ab und zu vorbei und lächelte mir zu. Als der Zug in Hagen einfuhr, war mir klar, dass egal, ob ich noch ein paar Schritte laufen könnte oder nicht, ich mich nur noch mit dem Rundum-Sorglos-Paket für Behinderte im Rollstuhl von der Bahn transportieren lassen würde. Die nette Stimme aus dem Lautsprecher verkündete:

»Vorsicht bitte beim Aussteigen in Hagen Hauptbahnhof, die Bahnsteigkante befindet sich nicht auf Zugniveau.«

Interessiert schaute ich bei der Einfahrt aus dem Fenster auf den Bahnsteig, um zu mustern, was diese Information bedeutete. Was ich sah, gab mir den Rest. Hätte ich Freunde in Hagen, wäre ich nie aus dem Zug herausgekommen, und ich glaube nicht, dass mich der Schalterbeamte in Herford auf eine solche Kleinigkeit hingewiesen hätte.

Na ja, ich war jedenfalls der Erste, der an seinem Ankunftsort ankam, wo mich mein Freund schon erwartete, und man hatte die Hebeplattform zum Verlassen des Zuges per Rolli zeitnah an die Bahnsteigkante gefahren. Meine Mutter kam eine halbe Stunde nach mir, vermittelt durch die Bahnhofsmission, mit dem Taxi wieder zu Hause an und Manu war die Letzte, die nach ihrer Rundreise Herford—Bielefeld—Hamm und zurück an ihrem Zielort eintraf.

Mir wurde nach diesem Erlebnis klar, dass die Welt für mich nicht mehr so einfach war und dass es nichts Selbstverständliches gibt, auf das man in seiner Umgebung zählen könnte, schon gar nicht bei Bahnbeamten. Das natürliche Einschalten des Gehirns habe ich seit dieser Bahnfahrt nie wieder bei irgendjemandem vorausgesetzt, auf den ich angewiesen bin.

# Wie geht's?

Zwei Worte, die mich schon jahrelang beschäftigen, die mich immer wieder aufs Neue stutzen lassen. ›Was bezweckt der Fragende damit? Was antworte ich auf diese Frage?‹, denke ich, wenn mir diese lapidare Frage gestellt wird.

»Wie geht's?« Die Frage aller Fragen. Gestellt von allen möglichen Personen ergibt sich doch jeweils ein ganz anderer Sinn. Es gibt die einfachen Fälle, die da wären: Neurologe, Hausarzt, Physiotherapeut, … Da kann ich ganz befreit antworten, da das Ziel der Frage eindeutig ist. Es geht immer um Krankheit und, damit verbunden, um mein körperliches beziehungsweise psychisches Befinden. Jeder, der ein geschäftsmäßiges Interesse mit dieser Frage verbindet, bekommt eine auf der gewünschten Dienstleistung basierende Antwort. Da rutscht einem schon manchmal was Falsches raus.

Wenn der Psychologe beispielsweise fragt: »Wie geht's?«, antworte ich: »Wie soll ich die Frage jetzt interpretieren? Körperlich ist mein Zustand schlechter geworden. Aber eigentlich geht's mir gut.« Ganz ruhig sagt er: »Dann teilen wir die Frage in körperlich und psychisch auf. Wie geht's Ihnen dann auf einer Skala von eins bis zehn?« Diese Frage bringt mich noch mehr ins Grübeln, als die »Wie-geht's-Frage«.

›Was könnte wohl bezüglich körperlichem Zustand eine Eins sein?‹ Da fällt mir spontan die Kurtzke-Skala ein. Herr Kurtzke hat es geschafft, die bunte Vielfalt behinderungsbedingter Ausfälle in ein einfaches Schema zu pressen. Sie ist genau umgekehrt definiert wie beispielsweise die Einstufung einer Traumfrau oder der Skala meines »Psychos«. Eins ist nach Kurtzke keine Behinderung und zehn ist der Tod. Man erkennt schon, dass diese

Skala für Ärzte und nicht für den Betroffenen gemacht ist. Bei näherer Betrachtung der Zehn auf der Skala könnte einem sogar der Gedanke kommen, dass der Patient zur Beurteilung nur sekundär vonnöten sei. Bei meinem »Psycho« ist es umgekehrt. Die Zehn ist das Tollste. Die absolute geistige Erfüllung – eben wie bei der Bewertung der Traumfrau. Das ist dieses Männerding, die Geilheitsskala Jung- oder Spätpubertierender.

Ich überlege dann immer, was das Tollste und was das Schlechteste sein könnte. Ich habe keine Ahnung mehr, wie ich mich gefühlt habe, als ich noch gesund war. Das ist meines Erachtens eine der genialsten Leistungen unseres Gehirns. Verdrängen. Mein Gehirn hat sogar verdrängt, wie man die Füße voreinander setzt. Ich habe einfach vergessen, wie es geht. Mehrmals schon habe ich bei meinem »Psycho« angemerkt, dass ich nicht in der Lage bin, auf diese Frage mit einer Einstufung auf einer Skala von eins bis zehn zu antworten. Er lässt sich nicht davon abbringen, also antworte ich immer: »Durchschnittlich 'ne Fünf eben!« Also entweder durchschnittlich beschissen oder durchschnittlich gut, durchschnittlich eben. »Sei mal ehrlich, man kann sich doch körperlich keine Eins geben.« Obwohl, wenn Null tot ist, dann könnte Eins ja … Ich möchte das jetzt nicht weiter vertiefen, da ich der Überzeugung bin, dass die Eins die Höchststrafe im Leben ist und die Null … Man sieht schon, selbst bei den Profis ist die Frage »Wie geht's?« eine der schwersten, die man überhaupt gestellt bekommen kann.

Fragen bei Neurologen können aber auch zu Verwicklungen führen, die ich nicht für möglich gehalten hätte. Selbst die einfachsten können nur nach intensivster Beratung mit dem Rechtsbeistand mit Fachgebiet Sozialrecht beantwortet werden. Um nur ein Beispiel zu nennen, hier die Lieblingsfrage der Neurologen:

»Wie weit können Sie maximal gehen?«

Dabei muss man natürlich wissen, dass die allermeisten MSler – und wenn es nur das Umsetzen vom Rollstuhl auf die Toilette mit einer dem Gehen allenfalls verwandten Bewegung ist – noch aus dem Rollstuhl aufstehen können. Die besondere Brisanz steckt in dem Wörtchen maximal. Ich habe im Laufe der Jahre öfter ausprobiert, was maximal ist. Mein letzter Versuch war eine wahre Demonstration für das Absolvieren einer maximalen Gehstrecke. Ich versuchte zu Fuß – allerdings in Begleitung eines Freundes – zu meinen drei Kilometer entfernt wohnenden Schwiegereltern zu gehen. Schon nach 300 Metern streikte mein linkes, schwächeres Bein. Aber ich konnte mir doch nicht die Blöße geben, das vollmundig angepriesene Gehziel nicht erreicht zu haben. Für den Notfall hatten wir ein Handy mitgenommen. Unsere Frauen hatten selbstverständlich kein Handy dabei, als sie mit dem Auto zum Shoppen fuhren. Unsere Frauen sind solche Steinzeitfrauen, die den modernen Umgang mit dem Handy verabscheuen. Außerdem hatte ich den Weg durch die Felder gewählt. Wahrscheinlich unbewusst, um definitiv zu verhindern, dass wir gerettet werden konnten. Tja! Maximal kostet ganz schön Überwindung. Die Fluchtlöcher müssen immer vorsorglich gestopft werden, sonst wird's nichts mit *maximal*. Als ich gestützt von meinem Freund und mit abgestorbenen Beinen bei meinen Schwiegereltern eintraf, hatte ich herausgefunden, was meine maximale Gehstrecke war. Es dauerte lediglich drei Stunden, bis ich meine Zehen wieder ein wenig spüren konnte. Wir verweilten noch längere Zeit dort, denn meine Schwiegereltern wohnen im ersten Stock.

Ist es das, was mit »maximal« gemeint ist? Und als Schwiegermama fragte: »Na, wie geht es dir, Kind?«, antwortete ich wie selbstverständlich: »Gut!« Wenn das gewünschte Ziel eine EU-Rente ist, muss die Antwort gewiss eine ganz andere sein, als wenn man sich um die große Liebe bewirbt, deren Hobby Jazztanz ist und sie noch einen adäquaten Partner sucht. Da lassen sich ganz besondere Kräfte freimachen. Da wissen die Füße mit einem Mal für kurze Zeit wieder, wie es geradeaus geht. Wenn das Gehirn einen Schlag weghat, passieren eben schwer erklärliche Dinge.

Bei dem lapidaren »Wie geht's?« eines flüchtigen Bekannten oder eines Bekannten, der nach einem Check, wie ich ihn gleich schildern werde, zu einem flüchtigen Bekannten wird, wobei die Betonung auf flüchtig liegt, ergibt sich ein anderer Sinnzusammenhang. Folgende Situation stellt sich: Ich bin gerade von einem vierwöchigen Krankenhausaufenthalt nach einem schweren Schub, der mich die Gehfähigkeit gekostet hat, zurückgekehrt. Vorher konnte ich noch gehen. Danach musste ich im Rollstuhl Platz nehmen. Wir nehmen an, mein Bekannter hat von meinem Schub und dem Aufenthalt mit Folgen von anderen Bekannten schon erfahren. Per stille Post versteht sich. Das Ganze ist selbstverständlich rein fiktiv. Ähnlichkeiten mit lebenden Personen sind rein zufällig und nicht gewollt.

Ich treffe also meinen fiktiven Bekannten beim fiktiven Einkaufen mit dem Rolli in der Stadt. Folgendes Intro wird von ihm gewählt.

Er: »Hej, Alter! Lange nicht gesehen, wie geht's dir denn?«

Ich: »Och du, ich werde in einer Stunde abgeholt.«

Er: »O. k., ich muss auch weiter, bis denne.«

Was will uns dieses Beispiel typisch sinnloser Konversationskunst sagen? Hier wird das »Wie geht's dir?« als reine Floskel wie zum Beispiel »Das Wetter war diesen Sommer super, nicht?« verwendet. Die Schwierigkeit ist nun herauszufinden, ob derjenige, der fragt, wirklich Interesse an deinem Gesundheitszustand hat. Das trifft meiner Erfahrung nach nur in den seltensten Fällen zu. Im oben beschriebenen Beispiel liegt die Sachlage klar auf der Hand. Der Bekannte hat kein Interesse an einer realistischen Berichterstattung aus dem Leben, das ungünstigerweise auch mal in den Rollstuhl führt. Um ganz sicher zu gehen, empfiehlt sich die Erweiterung des Gesprächs um folgenden Zusatz.

Er: »Hej, Alter! Lange nicht gesehen, wie geht's dir denn?«

Ich: »Och du, mein Hintern tut vom langen Sitzen im Rolli weh. Ich werde in einer Stunde abgeholt.«

Er: »O. k., ich muss auch weiter. Wir sehen uns.«

Wir konstatieren: Auch ein offensichtlicher Hinweis auf das Schreckgespenst der bodybuildenden Gesellschaft von partysüchtigen, ewig Junggebliebenen hat nicht gewirkt. In das Gehirn des Bekannten wurde lediglich das Fragment »Ich werde abgeholt« hereingelassen. Der Rest wurde mit großem Geschick in langjährig ausgeübter Ignoranz verdrängt. Zur Auslese von Bekannten und solchen, die flüchten, also flüchtigen Bekannten, ist dieser kurze Dialogtest sehr gut geeignet. Es gibt natürlich unzählige Varianten. Intellektuelle gehen etwas feinsinniger vor. Allerdings mit dem gleichen Ergebnis. Auch hierzu ein Beispiel.

Er: »Hallo, Dirk! Toll, dass du wieder da bist. Geht es dir schon besser? Das ist ja eine bittere Sache (der Blick wandert hinunter zum Rollstuhl). Erzähl doch mal!«

Ich: »Och du, es war schon wirklich hart dieses Mal. Ich habe mehrere Tage Cortisoninfusionen bekommen. Die haben aber nicht mehr so wie früher gewirkt. Meine Beine wurden täglich schlapper, bis ich nur noch wenige Meter laufen konnte.«

Jetzt ist der Punkt gekommen, an dem der Test für unsere intellektuellen Mitbürger richtig knifflig wird.

Ich: »Die neue CD von John Coltrane ist wirklich ein Hammer. Die habe ich mir eben gerade im Saturn besorgt. Seine Genialität an der Trompete bleibt unerreicht. Ich werde in einer Stunde abgeholt.«

Er: »Ja, das stimmt, habe ich auch schon gehört. Du, ich bin auf dem Sprung. Du weißt ja, wie das ist. Hej, wir sehen uns. Bleib, wie du bist.«

Was will uns dieser Dialog sagen? Weder der Themenwechsel noch die Anspielung auf das neue Meisterwerk eines seit 37 Jahren verstorbenen Interpreten aus dem Jenseits können die fest verankerte Barriere der Verdrängung und Ignoranz aufbrechen. Auch hier möchte der Fragende keine Antwort hören.

Es geht natürlich auch umgekehrt. Es dauert viele Jahre zu unterscheiden, ob eine lang ausgedehnte Beschreibung des Leidens wirklich zum Thema passt. Ich sitze weder im Rollstuhl noch bin ich sichtbar behindert. Rein hypothetisch versteht sich. Auch hier ein Beispiel. Die Situation ist folgende:

Es ergibt sich ein lockeres Zusammensein unter Bekannten bei uns zu Hause. Kaffee und Kuchen sind reichlich vorhanden. Die illustre Gesellschaft besteht aus drei verheirateten Paaren, wobei zwei Paare Kinder im Kleinkindalter haben. Damit ist der Gesprächsstoff für den Kaffeeklatsch vorprogrammiert. Es wird also angeregt über Stuhlgang und Laufübungen der kleinen Racker diskutiert. Das ist dem MSler nicht fremd und ein gefundenes Fressen, um einen Themenwechsel herbeizuführen.

Sie (1): »Mein Nils-Jasper krabbelt in der letzten Zeit schon ganz oft ohne Windeln. Er sitzt immer prima auf seinem Töpfchen zum Pipi- und AA-Machen. Manchmal geht es noch in die Hose, aber selten! Mein Kleiner ist schon ganz erwachsen! Er ist eben ein richtiger Junge. Seine Knie sind immer aufgeschlagen vom Toben. So sind sie, die Kleinen!«

Sie (1) schaut lächelnd auf das Balg, das Anstalten macht, Klimmzüge an meiner Stereoanlage zu üben.

Ich: »Bei mir auch!«

Sie (2): »Was? Wie meinst du das?«

Sie (1): »Hä?«

Für einen Augenblick wird wieder das Lieblingsthema angeschlagen.

Sie (2): »Der kleine Ansgar ist schon ganz trocken! Er trägt nur noch in der Nacht eine Windel.«

Ich: »Ich den ganzen Tag.«

Sie (1): »Hä?«

Sie (2): »Er kann ja auch schon ein, zwei Schritte laufen.«

Sie (1): »Also, der Nils-Jasper spricht sogar schon ein wenig.«

Ich überlege kurz, ob ich mit den Blasenproblemen oder den Gehschwierigkeiten gepaart mit Schwindel – mein Lieblingsthema – beginnen soll. In Anbetracht von vollen Kuchentellern entscheide ich mich für Gehprobleme. Obwohl man ja sowieso schon auf dem Fäkal-Tripp war. Während die Frauen gerade beginnen, sich gegenseitig in der Darstellung ihrer Superkinder zu übertrumpfen, kommt Er (1) auf meinen Einwand zurück.

Er (1): »Ich habe das auch nicht verstanden, Dirk. Was meintest du eben?«

Ich: »Was? Ach so. Ich kann das den Kleinen gut nachempfinden. Die Parästhesien in den äußeren Extremitäten führen zu einem sehr unsicheren Gang. In der letzten Zeit kommt verstärkt die Diplopie dazu. Dann ist das Ganze morgens noch anders als abends und gestern bin ich im Halbdunkel vor der Tür gestürzt. Meine seit dem letzten Schub aufgetretene Rumpfataxie und zunehmende ataktische ...«

Jetzt lege ich richtig los, die wollten es ja nicht anders. Ich möchte den langweiligen Fachvortrag hier nicht wiedergeben. Jedenfalls senken alle betreten ihre Blicke und stochern verstohlen in ihren Kuchenstücken herum. Zu meinen Blasenproblemen komme ich leider nicht mehr. Ich werde unterbrochen.

Er (2): »Mann, ist das schon spät geworden, wie die Zeit vergeht. Ich denke, wir machen uns dann mal wieder auf die Socken. Der Kleine braucht noch seinen Schlaf.«

Sie (1): »Da hast du recht. Wir schließen uns dann an.«

Was will uns dieses kleine Diskussionsbeispiel sagen? Kein Mensch, der nicht selbst MS hat, versteht das Gesülze im medizinischen Fachjargon und noch weniger Leute interessiert der Mist. Leider ist man so mit sich selbst beschäftigt, dass einem persönlich das Desinteresse der anderen selten auffällt. Irgendwann werden die Kleinen groß und die Themen ändern sich. Die MS bleibt!

## Spaziergang mit Folgen

Es begab sich zu einer Zeit, als für mich Fortbewegung noch einfach losgehen und joggen bedeutete. Beim Joggen musste ich zwar mit 30 Minuten maximaler Trainingsdauer vorlieb nehmen, zog dies jedoch in den kalten Monaten des Jahres der dreistündigen Rennradtour vor, von der ich wie zum Eiszapfen erstarrt ins warme Heim zurückkehren würde.

Um dem Joggen zu frönen, bandagierte ich mir die Knie ganz fest mit Verbandsmaterial. Diese Maßnahme hatte sich als sehr sinnvoll erwiesen, da nach einer Runde durchs Dorf meine Beine weich wurden – wie der Fachmann sagt. Das Verbandsmaterial sollte das Einknicken der Beine verhindern – mit mehr oder minder gutem Erfolg, wie sich später herausstellte. Für ein zweites, nicht so wichtiges, aber doch störendes Phänomen hatte ich eine eigene Lauftechnik entwickelt: Mein linkes Bein pflegte nämlich regelmäßig, so nach zwei Runden durchs Dorf, nicht mehr korrekt vom Boden abzuheben. Meine Technik bestand nun darin, rechts etwas stärker abzustoßen und die Hüfte, unterstützt durch diesen Impuls, nach links oben zu ziehen. Beim Aufsetzen ließ ich das linke Bein etwas steif – da half die Bandage ungemein – und federte das Gewicht überwiegend mit dem rechten Bein ab. Wer jetzt meint, nachdem er den eben beschriebenen Bewegungsablauf mehrmals und intensiv im Kopf oder durch praktische Übung nachvollzogen hat, das wäre doch plumpes Humpeln, hat die Beschreibung inhaltlich nicht gänzlich durchdrungen. Gut, ich sah ein wenig wie ein joggender Quasimodo aus, unterschied mich aber in vielen kleinen, wichtigen Punkten eindeutig vom Glöckner. Nichtsdestotrotz zog ich es vor, im Dunkeln zu joggen.

Wenn ich meine täglichen Runden nicht im Schutz der Dunkelheit zurücklegen konnte, musste ich, je nach Anzahl der entgegenkommenden Dorfbewohner, die Runden verkürzen. Den Entgegenkommenden grüßend anzulächeln und dabei den Blick von den eigenen Füßen in seine Richtung zu lenken, war eine Aufgabe, die mir mein ganzes sportlich antrainiertes Geschick abverlangte. Mein Gleichgewichtsgefühl ließ Kopfbewegungen abweichend von der zentralen Bewegungsrichtung des Körpers schon länger nicht mehr zu. In diesen Augenblicken gab ich für die Zeit des Sichtkontaktes mein erleichterndes Laufschema auf und joggte scheinbar völlig entspannt unter Einsatz aller noch funktionierenden Muskelpartien an den Passanten vorbei. Die Wahl meines Trainingsweges war deshalb auch geprägt von der Vermeidung langer Geraden, auf denen ich schon aus weiter Entfernung ausgemacht werden konnte.

Wenn ich – von jemandem angesprochen – halt machen musste, war der schwierigste Teil meiner Joggingtour angebrochen. Einmal stehen geblieben, brach mein fein justiertes Körpersystem aus kompensatorischen Bewegungen, unter fortwährendem Lächeln, hoffnungslos zusammen. Ein Neustart war wie bei einem überhitzten Motor nicht so einfach möglich. Dann kam Taktik Nummer zwei, die letztlich immer funktionierte, zur Anwendung. In dem Augenblick der Verabschiedung schaute ich wie beiläufig auf meine Schuhe, sagte wie zur Bestätigung des Abschieds: »Man sieht sich, bis denne«, beugte mich herunter und band meine Schnürsenkel an den Schuhen neu. Sobald sich der nette Nachbar ein paar Meter entfernt hatte, versuchte ich mein Glück, indem ich die bandagierten Dinger, die aus meiner Hüfte wuchsen, überredete, wieder zu meinem Körper zurückzukehren. Das gelang nur widerwillig und führte unzweifelhaft zum bekannten Glöcknergang.

Auf jeden Fall ist selbst meinem lauffanatischen Nachbar, dem ich jedes Mal eine Galavorführung abliefern musste, nie etwas an mir aufgefallen.

Es ist sehr von Vorteil, dass 90 Prozent der Bevölkerung ohnehin keine Veränderungen registrieren. Wie viele Menschen im direkten Umfeld merken, dass man eine neue Brille trägt oder überhaupt zum Brillenträger geworden ist? Dass man seinen Bart abrasiert hat oder sich ein neues, neonfarbenes Haarstyling hat verpassen lassen? Auch ein gut getarntes Holzbein würde sicher nicht auffallen, zumindest wenn es mit ein paar fantasievollen Erklärungen auf Nachfrage kommentiert würde. Zum Beispiel so:

»Meine Muskelverhärtung im rechten Bein wird und wird nach dem letzten 20-Kilometer-Lauf einfach nicht besser. Ich kann das Ding kaum beugen!« In diesem schwierigen Fall könnte es sogar zu einem gut gemeinten Ratschlag kommen: »Mann, da musst du aber was gegen tun!« Darauf zu sagen, wenn es nicht besser würde, würde man tatsächlich einen Arzt aufsuchen, ist natürlich falsch. In der Antwort müssen alle weiteren gut gemeinten Ratschläge schon vorweggenommen sein. Es bietet sich hier an: »Der Spezialist für Sportverletzungen, Dr. Müller Wohlfahrt, der die Nationalkicker betreut, sagte, die Heilung wäre ein langwieriger Prozess, aber mit entsprechendem Training der Beinmuskulatur zu erreichen.«

So kann man seine Beinprothese ohne weitere Nachfragen bis an sein Lebensende tragen. Dann kommt allerdings ein kritischer Moment: Heutzutage werden in der modernen Prothesentechnologie Materialien verwendet, die man weder verbrennen noch im Boden vergraben darf. Am Grab wird man tuscheln: »Wusstest du, dass der ein künstliches Bein hatte?« Es findet sich bestimmt jemand, der sagt: »Ja, wusstest du das denn nicht, der hatte doch schon in frühester Jugend so einen schweren Autounfall, bei dem er sein Bein verloren hat.« Es wird einen versöhnlichen Abschluss geben, bei dem man sich einig ist: »Der hat sein Schicksal tapfer gemeistert. Hut ab! So ein netter Kerl, da kann man sich ein Beispiel nehmen.« Ohne sichtbare Zeichen der Beeinträchtigung, wie Hilfsmittel zum Laufen, bleibt man im

Schutz der oberflächlichen Gesellschaft der Weggucker garantiert unentdeckt.

In dieser Phase der Fortbewegung konnte ich bald besser joggen als gehen. Joggen ist auch viel einfacher, was mir mein Krankengymnast später bestätigte. Der Mensch hat Tausende von Jahren gebraucht, um aufrecht gehen zu können. Das sollte man nicht unterschätzen. Gehen ist einfach zu langsam, und das, was der Fachmann Ataktik nennt, führt zum typischen Gangbild eines Betrunkenen. Ich selbst solidarisierte mich ab jetzt mit den Einjährigen, die von ihren Müttern sinnloserweise ständig darauf hingewiesen werden, doch die Füße beim Gehen anzuheben und besser aufzupassen, um nicht ständig auf der Nase zu liegen. Ich befand mich in der gleichen Lernphase wie sie, mit einem entscheidenden Nachteil: Ich war viel größer und viel schwerer, was den Aufprall auf dem Boden äußerst schmerzhaft machte. Nach einigen Selbsttests beschloss ich, nie wieder zu fallen. Das In-sich-Zusammensacken-und-ohne-größere-Blessuren-auf-den-Boden-Sinken möchte ich jetzt nicht näher beschreiben und überlasse es der Fantasie des Lesers. Zum Üben jedoch empfehle ich einen unbeobachteten Ort, der mit Gymnastikmatten ausgelegt sein sollte.

Zu dieser Zeit stand ich vor der Entscheidung, als Alkoholiker im Dorf Gesprächsthema zu werden oder, auf einen Stock gestützt, eine Sportverletzung vorzutäuschen. Ich entschied mich nach langem Für und Wider für die zweite Variante, vermied jedoch jeglichen vorhersehbaren Kontakt mit meinen Mitmenschen. Man kann sich vorstellen, welch akribische Vorbereitung hinter jedem Spaziergang steckte. Meine Frau hatte zu so stressigen Gängen keine Lust, daher war ich fast immer allein unterwegs. Wie zur Bestätigung meiner Leistungsfähigkeit ging ich jede Woche zweimal die längste mögliche Strecke, die ich unbeobachtet zurücklegen konnte.

An einem kühlen Morgen im Spätherbst, der Boden war mit feuchten Blättern bedeckt, entschied ich mich in der Frage der

Gehstrecke für das einen Kilometer entfernte Waldstück als zusätzliches Hindernis. Wie sich noch rausstellen sollte, war es ein ganz klarer Fehler – entgegen meiner sonst so perfekten Planung. Wer konnte aber auch ahnen, dass mir um diese Uhrzeit mein Nachbar, ein über 70-jähriger Rentner, mit dessen Sohn ich in Kinder- und Jugendzeiten gespielt hatte, im Gespräch mit einem anderen Nachbar im Wald begegnen würde. Als meinerseits Sichtkontakt bestand, blieb ich abrupt stehen und versteckte mich hinter einer großen Eiche. Eine Diskussion über die Benutzung des Stockes kam für mich zu dieser frühen Stunde nicht infrage. Also verharrte ich hinter der Eiche.

Rentner verfügen allerdings über eine große Ausdauer im Stehenbleiben und Plaudern. Ich hingegen war am Ende meiner Leistungsfähigkeit angekommen und musste eine Entscheidung über das weitere Vorgehen fällen: links die Konfrontation mit den rüstigen Rentnern oder rechts die Flucht über den schmalen Weg an der anderen Seite der Lichtung entlang. Ich war etwa eine Stunde unterwegs und hatte noch etwa eine halbe vor mir. Zurück war viel zu weit. Die Abkürzung durch den Wald war die einzige Möglichkeit. Den schmalen Weg auf der rechten Seite war ich zwar viele Jahre nicht mehr gegangen, in meiner Erinnerung hatte der Pfad aber nichts Bedrohliches an sich.

Also rechts rum. Die Rentner hatten den ganzen Tag Zeit, ich nicht. Der Anfang des Weges hätte mir schon sehr zu denken geben müssen, denn es ging sehr steil ein paar Meter hinunter und – wie gesagt – es war Herbst. Dennoch, die Entscheidung war gefallen. ›Augen zu und durch‹, dachte ich.

Nach einem nun folgenden Anstieg konnte man das Vorhandensein eines Weges nur noch erahnen. Zwischen Bäumen und einem nach links abfallenden Hang in Richtung eines 20 Meter tiefer gelegenen Bachlaufes standen mir nur noch 60 Zentimeter Breite zum Gehen zur Verfügung. Die Rentner hätten den Weg wahrscheinlich auf einem Bein gemeistert. Für mich war die Böschung aber genau auf der falschen Seite. Ich nahm den Stock in die linke Hand und hangelte mich mit rechts an den Bäumen entlang. Ob des Gefälles zur linken Seite konnte ich nicht einmal stehen, ohne mich mit beiden Armen an den Baumstämmen abzustützen. Die Bäume vor mir wurden immer größer und dicker, was ihren Abstand gleichwohl deutlich erhöhte. Meine Fähigkeiten aus alten Turnerzeiten mussten jetzt herhalten. Na ja, ich gab das Turnen zwar im Alter von sieben Jahren auf, aber der Hechtsprung war mir noch gegenwärtig. Die wachsende Helligkeit vor mir, die nichts Gutes versprach, rief dennoch Entsetzen in mir hervor: Nur noch alle paar Meter wuchsen an dieser Stelle Bäume.

Ich verfluchte den Besitzer, der das Roden seines Waldes beschlossen hatte. Ein Versuch, sich ohne beidseitige Stütze aufrecht auf den Beinen zu halten, scheiterte kläglich. Zusätzlich zum Besitzer des Waldstückes schickte ich nun alle bösen Flüche an die beiden Rentner, die ich am Anfang des Waldes getroffen hatte. Die hatten mir das eingebrockt. Die hätten den ganzen Tag Zeit gehabt, da rum zu stehen, aber nein, ausgerechnet, wenn ich das erste Mal seit Jahren durch den Wald gehen will, müssen die sich da aufbauen und endlos reden. Immer größere Verzweiflung machte sich in mir breit. Die Schuldigen hatte ich gefunden, aber noch keine Lösung für mein Problem.

Langsam beruhigte ich mich und dann kamen mir wieder die Einjährigen in den Sinn. Angeblich sollen ja Kleinkinder, die sich in einem unbeobachteten Augenblick aus der elterlichen Obhut davon machen, viele Kilometer auf allen Vieren mit nicht vorstellbarer Geschwindigkeit zurücklegen können – liest man jedenfalls in den Medien. Es war keine Menschenseele in der Nähe. Also versuchte ich in der Fortbewegungsart des Frühstadiums der Kindheit mein Glück. Schon nach ein paar Metern wurde mir klar: Die Geschichten von ausbüxenden Kleinkindern sind entweder Zeitungsenten oder der menschliche Körper ist mit zunehmendem Alter nicht mehr fähig, sich entsprechend zu bewegen. Der Versuch, aus der Erinnerung das Krabbeln meiner

Töchter zu rekonstruieren, die ich mit den stolzen Blicken des Papas stundenlang beobachtet hatte, scheiterte kläglich.

Meinen Stock warf ich nun immer einige Meter voraus, mit dem Risiko, dass er links in den Bachlauf fallen könnte. Krabbeln mit einem Stock in der Hand war einfach unmöglich. Meine Knie schmerzten heftig, als ich verharrte und über die Technik erneut nachdachte. Ich Idiot! Bevor der Mensch aufrecht gehen konnte, lief er doch nicht auf den Knien. Ich hob also mein Gesäß so hoch an, wie ich konnte, und stellte vorn die Hände und hinten die Füße auf den Boden. So ging es deutlich besser, war aber immens kraftraubend.

Ich teilte die mir bevorstehende Strecke in Etappen ein, wobei ich nach jeder Etappe eine Pause einlegen musste. In dieser eher spinnenartigen Technik überwand ich den Waldweg, den ich in diesem Leben nie wieder gehen werde. Völlig ausgelaugt erreichte ich den Waldrand und kehrte zum aufrechten Gang zurück. Meine Hose war voller Matsch, meine Hände sahen aus, als hätte ich eine Leiche im Wald vergraben und auch meine Jacke war vor Dreck bis zur Unkenntlichkeit verschmutzt. Bis nach Hause war es noch etwa 800 Meter auf der mehr oder weniger gut geteerten Dorfstraße. Als ich gerade festen Boden unter den Füßen spürte und ein Stoßgebet zum Himmel losließ, rief von der Seite die Wurzel allen Übels, mein rüstiger Rentner und Nachbar, aus dem Wald: »Hallo Dirk, wie siehst du denn aus? Bist du gestürzt? Und seit wann brauchst du denn einen Stock?«

# Queue up

Es hat wohl jeder schon einmal Dinge in seinem Leben erlebt, die er so nie wieder erleben möchte. Bei mir haben sich im Laufe der Zeit einige »Nie wieder« angehäuft. Es gibt allerdings solche und solche davon. Ein »Nie wieder« wie »Ich werde nie wieder Alkohol trinken« nach einer durchzechten Nacht mit Freunden, die zu einem Schädel führte, mit dem man durch keine Tür passt. Von solchen »Nie wieder«, die eine sehr geringe Halbwertzeit haben, gibt es viele. Dann gibt es aber noch welche, die wirklich ernst gemeint sind und Bestand haben.

Beim Frühstück an einem verregneten Samstag las ich in der *Jazzecho* von interessanten Neuerscheinungen auf dem Markt. Ich entdeckte zwei bis drei CDs, die ich gerne Probe hören wollte. Also nichts wie Rolli ins Auto gepackt und auf in den Saturn nach Herford. Direkt neben dem Saturn ist ein Parkhaus, sodass man trockenen Fußes in den Medientempel gelangt. Auf die Idee, bei miesem Wetter samstags zum Shoppen in die Stadt zu fahren, schienen allerdings auch alle anderen 79.999 Bewohner Herfords gekommen zu sein. Jedenfalls benötigte ich die dreifache Zeit wie gewöhnlich, um in die Innenstadt vorzudringen.

Mittlerweile hatte der Regen aufgehört und ich peilte den Behindertenparkplatz – den einzigen – am Saturn an. Als ich aber auf der linken Seite der Straße den Saturn auftauchen sah, stellte ich fluchend fest, dass der Parkplatz besetzt war. Vor dem Parkhaus befand sich eine Schlange wartender Kaufwilliger in ihren Fahrzeugen, die sich überhaupt nicht vorwärts bewegte. Für jedes Fahrzeug, das aus dem Parkhaus fuhr, konnte nur eines nachrücken. Mein Kopf lehnte auf dem Lenkrad und ich verfluchte mich und meine idiotische Shopping-Idee. ›Na toll!

Jetzt verbringst du den Samstag im Auto vorm Parkhaus‹, dachte ich. Nach schier endlosem Warten – es dauerte mindestens zwei Minuten – war ich endlich drinnen. Ich fand schnell eine passende Parklücke auf dem zweiten Parkdeck. Nachdem ich meinen Rollstuhl aus dem Kofferraum gewuchtet hatte, machte ich mich zum Fahrstuhl auf. Genauso wie vor dem Parkhaus hatte sich auch hier ein Stau gebildet. Ein Blick in die Runde warf die Frage auf, warum denn all die gesunden Menschen mit kräftigen Beinen *meinen* Fahrstuhl blockierten. Also wieder warten. Verstohlene Blicke der anderen Wartenden trafen mich wie Pfeile. Es waren diese kurzen Blicke, die wie Laserpunkte über einen hinwegstreifen, um möglichst schnell und unauffällig einen Menschen zu mustern. Sie senkten sich immer wieder auf den Boden, um nach kurzer Zeit noch einmal über das Duo »Mensch-Maschine« zu gleiten. Unterbrochen wurde die Blickstafette nur durch das Starren auf die Etagenanzeige des Fahrstuhls. Die ganz vorn Stehenden fürchteten dennoch keine Genickstarre, als sie sich mit den Blicken daran festsaugten. Nach kurzer Zeit gaben allerdings die Ersten in diesem Nervenspiel auf. Sie schauten kurz angebunden auf die Uhr und liefen dann kopfschüttelnd zur nächstgelegenen Treppe. Nur die hart Gesottenen ertrugen die Wartezeit von mindestens einer Minute.

Jetzt öffnete sich die Fahrstuhltür zum ersten Mal und das Hauen und Stechen um Plätze in der sehr kleinen Kabine begann. Sechs Personen fasste der Fahrstuhl. Das ist nicht gerade viel, aber Herford ist eben eine Kleinstadt. Nach dem ersten Schwung stand ich durch nette Menschen, die mich vorließen, in aussichtsreicher Position für die nächste Fahrt. Meine Gedanken beschäftigten sich bereits mit der Türbreite, die einen sehr schmalen Eindruck machte. Aber das hatte ich mir sicher nur eingebildet. Wie zur Erlösung machte es endlich »ping«, und die Tür öffnete sich vor mir. Ich setzte einen Meter zurück, um die Ankommenden aussteigen zu lassen, und fuhr dabei meinem Hintermann über die Füße. Meine Fähigkeiten im Umgang mit dem

Restkraftverstärker des Aktivstuhls waren noch sehr beschränkt und Geradeausfahren fiel mir zugegebenermaßen schwer. So ein Restkraftverstärker ist eine ganz tolle Sache. Statt nur mit einem Joystick am Kommandopult den Rolli motorisch vorwärts zu bewegen, wird die Armkraft durch Motoren in dem Schwungrad selbst unterstützt. Wenn man nicht absolut synchron Schwung gibt, geht es gnadenlos in die Pampa.

Die nun freie Bahn in den Fahrstuhl offenbarte einen engen Einstieg, der meine fahrtechnischen Fähigkeiten überforderte. Ich schlug links an, setzte zurück und schlug rechts an. Die Blicke auf meinem Rücken brannten wie Feuer. Einen Versuch startete ich noch, aber vergebens. Je mehr ich mich anstrengte, umso stärker entwickelte sich das Eigenleben des Rollstuhls. Plötzlich spürte ich an den Schiebegriffen des Rollis zwei Hände.

»Ich schiebe Sie mal rein, das geht schneller«, hörte ich eine Stimme hinter mir sagen. Ehe ich mich versah, hatte mich der nette Helfer hinter mir mit Volldampf gegen den Türrahmen gefahren. Die Tür war einfach zu eng und, bevor der Mensch hinter mir den Rollstuhl schrottreif gefahren hatte, griff ich ein und rief: »Schluss jetzt!! Es geht nicht!! Danke!!« Mit der Bemerkung »Ich wollte Ihnen doch nur helfen!« schrak mein freiwilliger Schieber zurück. Ohne Vorwarnung setzte ich zurück, drehte auf der Stelle und fuhr zurück zu meinem Auto. Ich hasste Leute, die mir einfach nur helfen wollten. Ich brauchte keine Hilfe. Dieses Gefühl des Ausgeliefertseins, wenn jemand den Rollstuhl schiebt und man nicht einmal sehen kann, wer seine Hilfsbereitschaft auslebt, machte mich rasend. Der Fahrstuhl hatte gewonnen. Er war wohl nur für Fußgänger und nicht für Rollstuhlfahrer gemacht.

›Soll ich jetzt ganz aufgeben und wieder nach Hause fahren?‹, fragte ich mich. ›Nein! So einfach lasse ich mich nicht von einem beschissenen Fahrstuhl abschütteln.‹ Ich wuchtete den 40 Kilo schweren Rolli zurück ins Auto und holte die Krücken raus. Kurze Zeit später stand ich mit Krücken vorm Fahrstuhl und starrte ergeben auf die Anzeige. Diesmal gehörte ich zur ersten Fuhre und schaffte es tatsächlich in die Kabine.

Unten hatte ich etwa 150 Meter zum Markt vor mir. Endlich im Saturn angekommen, dachte ich: ›Haben die den Laden vergrößert, seit ich das letzte Mal hier war?‹ Der Weg bis zum Fahrstuhl in die erste Etage war weit, sehr weit. Ich schaffte es bis oben und ruhte mich beim Hören meiner Wunsch-CD auf dem Barhocker vor der Hörtheke ausgiebig aus. Die Knöchel an meinen Händen waren blutig gestoßen, was mir noch eine blutverschmierte Jacke beschert hatte. Sie schmerzten. Ich entschied mich für zwei CDs und machte mich einigermaßen erholt zur Kasse auf. Natürlich war nur eine von fünf Kassen geöffnet und davor hatte sich eine beachtliche Schlange gebildet. Geduldig stellte ich mich hinten an.

Stopp!!!

*Um das nun folgende Szenario zu untermauern, möchte ich an dieser Stelle ein praktisches Beispiel aus dem alltäglich stattfindenden Krieg an der Warenhauskasse skizzieren. Zu diesem Zweck versetzen wir uns in ein Warenhaus, das nicht näher spezifiziert sein muss. Ich wähle jedoch das ALDI-Kaufhaus, um jedem – ob des Bekanntheitsgrades des Discounters – den geistigen Zugang zum Fallbeispiel zu erleichtern. Wir stehen also in der fiktiven Schlange vor einer Kasse, an der sich alle zahlungswilligen Käufer drängeln. Natürlich ist aus Kostengründen nur eine Kasse geöffnet. Wir nehmen die Position 16 ein und schielen an ihr vorbei, während die Schlange, quasi in vollständiger Lähmung erstarrt, keinen Millimeter vorwärtskommt. Wir machen das Ziel aller Wünsche, das Ende der Schlange, besetzt durch einen etwa siebzigjährigen, gichtkranken Mann mit Hut aus. Es ist still geworden in der Schlange, als der Mann seine aus der ALDI-Werbung bekannte Musikkassette der Wildecker Herzbuben für, sagen wir einmal, 7,29 Euro auf das Band legt. Den Wartenden stockt der Atem. Der Mann schlägt seinen Mantel zur Seite und greift in die Hosentasche. Man könnte im Laden eine Stecknadel fallen hören. Mit einem freundlichen Lächeln auf den Lippen sagt er: »Einen kleinen Moment, Fräulein, ich hab's klein!« Und dann folgt das Unvermeidliche: der Einkaufsgau. Ein Raunen geht durch die Reihe, und Menschen treten unkontrolliert seitlich aus der Schlange heraus, als würde man dadurch das Ziel schneller erreichen. Ich versuche nun, eine Chronologie der Gedankeneskalation zu zeichnen. Zum Beispiel anhand des Wartenden Nummer Sieben, der nervös wirkend seinen Autoschlüssel schon in der Hand hält. In der anderen trägt er eine Flasche Wein für 1,98 Euro. Der Mann ist braun gebrannt und hat stylisch gefärbte Strähnchen im Haar. Sein Muskelshirt passt zu ihm, aber nicht zur Jahreszeit. Wahrscheinlich hat seine Freundin ihn noch einmal kurz in den ALDI geschickt, weil beim eigentlichen Großeinkauf der Wein vergessen wurde. Dem Mann ist die Verzweiflung über die ausweglose Situation ins Gesicht und unter die Achseln geschrieben.*

*›Was ist denn da vorn los? Kann der Penner nicht ein bisschen schneller machen? Nein, der wird doch nicht … Doch er, er … Der kramt sein gesamtes Kleingeld aus der Hose! Typisch. Jetzt blockiert der Kerl an einem Samstagmorgen den ganzen Verkehr. Nicht zu fassen! Der hat doch die ganze Woche Zeit. Boa! Der zählt immer noch. Das gehört verboten, dass Rentner am Samstag zum Einkaufen rausgelassen werden. Ich komme zu spät nach Hause. Meine Alte macht mich platt!‹*

*Bis jetzt sind etwa 20 Sekunden vergangen, und das Verlangen nach roher Gewalt wird größer. Solidarität für ältere Mitbürger ist nur noch ein Spruch aus den Medien.*

*›Was kauft der da eigentlich? Wahnsinn! Der hält mich für diese Heimatmelodiemucke auf. Den müssten sie einsperren. Den kann man doch nicht am Samstag auf die Menschheit loslassen. Ich drehe durch!‹*

Inzwischen wurden meine Beine mit zunehmender Wartezeit immer lahmer. Na ja, ich hatte ja vier Beine. Endlich hatte ich das Ende der Schlange erreicht. Die nette Kassiererin schaute mich mitleidsvoll an, als ich meine CDs auf das Laufband legte. »36,49 Euro macht das.« Ich stellte meine Krücken am Band ab und griff an meine hintere Hosentasche, um an mein Geld zu kommen. Durch die vorangegangene Anstrengung spürte ich weder den

Eingang zur Tasche noch mein Portemonnaie selbst. Wie eine Katze, die ihrem Schwanz hinterher jagt, versuchte ich krampfhaft, meinen Po ins Blickfeld zu bekommen. Vergeblich. Der Mensch ist nicht dazu geschaffen, sein Gesäß in Augenschein zu nehmen.

Eine Krücke fiel um.

Die Nervosität stieg. Ich hörte das Scharren der Hufe der Wartenden und die feindseligen Gedanken wurden spürbar. Ich befand mich jetzt mitten in der ALDI-Situation.

›Ich könnte den Penner da vorn umbringen! Muss das jetzt am Samstag sein? Können die Behindis nicht in der Woche einkaufen, die haben doch den ganzen Tag Zeit!‹

Ich hob meine Krücke auf und fingerte weiter an meiner Hosentasche. Endlich bekam ich irgendwie die Geldbörse zu fassen. Der schwerste Teil stand mir aber noch bevor. Wie das Geld herausbekommen? Mühsam durchforstete ich die Börse nach passenden Geldscheinen. Ich legte zwei Zwanziger auf das Band und stützte mich mit den Ellenbogen ab, um nicht umzufallen. Bei der Aktion stieß ich gegen meine Krücke.

Eine Krücke fiel um.

»3,51 Euro zurück«, hörte ich die Stimme der Kassiererin sagen, als ich mich zu meiner Krücke herunterbeugte. Es fiel mir nun schon merklich schwerer, die verdammte Krücke aufzuheben. Ich streckte die Hand aus und bekam das Wechselgeld hereingelegt. Mit der anderen Hand musste ich nun den Teil der Börse für das Kleingeld öffnen. Kurz überlegte ich, ob man ein derartiges Kunststück, Börse öffnen mit einer Hand und in der anderen ruhig das Wechselgeld halten, als Gesunder vollführen kann.

Ich konnte es jedenfalls nicht. Beim Öffnen der Börse fiel mir das Wechselgeld aus der linken, unbeobachteten Hand. Eine Münze flog neben das Band auf den Boden. Blitzartig beugte ich mich nach unten, um sie zu suchen.

Beide Krücken fielen um.

Als ich hochkam, wagte ich keinen Blick zurück auf die wartende Menge. Ich spürte den heißen Atem der Verfolger im Nacken. Mein Gefühl sagte mir, dass sich mittlerweile alle Kunden hinter mir aufgestellt hatten, um zu gaffen. Wer hatte den Menschen den Samstagmorgen versaut?

Wie war das noch, wenn ein Rentner vor mir in der Schlange zur Kassiererin sagte: »Moment, Fräulein, ich hab's klein!«?

Wie lange konnte die Verzögerung gedauert haben? Zehn Sekunden? 15 Sekunden? 15 Sekunden sind in unserer so geschäftigen Welt der schnellen Managerentscheidungen nicht tolerierbar. 15 Sekunden sind eine endlose Zeit beim Warten in der Schlange. 15 Sekunden, in denen man alle möglichen sinnvollen Sachen tun könnte. Wer hat heutzutage schon Zeit? Da hat man nichts zu verschenken. Das muss doch einleuchten. In 15 Sekunden kann man ein Kind vor dem Ertrinken retten.

Die Kassiererin zu bitten, mir das Geld in die Börse zu stecken, kam damals für mich nicht infrage. Also versuchte ich ein zweites Mal mein Glück. Obwohl die rechte Hand schon krampfte und ich nicht mehr in der Lage war, ein Geldstück von einem Gummibärchen zu unterscheiden, gelang es mir endlich das Wechselgeld zu verstauen. Ich nahm meine CDs, steckte meine Geldbörse in die hintere Hosentasche und ging zum Fahrkartenautomaten.

Der Automat stand ganz allein und verlassen da. Er wartete auf meinen Parkschein. Es war eine schmuddelige Ecke, die nicht gerade zu langem Verweilen einlud. Der beißende Geruch entleerter Trinkerblasen brannte in meiner Nase. Gehetzt schaute ich mich nach Verfolgern um. Noch war ich mit dem Automaten allein. Der Automat und ich. Ich lehnte meine Krücken behutsam an die mit ekligen Sprüchen verzierte Wand und griff in meine Jackentasche. Mein Parkschein! Wo befand sich mein Parkschein?

Das Szenario der Parkscheinsuche ist sicherlich jedem bekannt. Man steckt ihn einfach unbewusst in irgendeine Tasche und dann geht am Automaten die Sucherei los. Ist das Ding dann endlich wieder aus den Tiefen irgendeiner Tasche an die Oberfläche gelangt, ist es so verknittert, dass die Gefahr der Annahmeverweigerung durch den Automaten besteht. Diese Parkscheinautomaten sind gnadenlos. Erst nach mehrmaligen Versuchen saugt der Schlitz den Schein dann ein. Mir ging es genauso, nur unter erschwerten Bedingungen.

›Wie fühlt sich ein Parkschein an? Ich habe keine Ahnung.‹ Je intensiver ich mich auf einmal vorhandene Gefühle in meiner suchenden Hand konzentrierte, umso weniger fühlte ich. Gerade als ich die glorreiche Idee hatte, meine Jacke auszuziehen, um den Inhalt der Taschen in Augenschein zu nehmen, kam ein Schwung Kunden auf mich zu. Die müssen alle gemeinsam eingekauft haben.

Eine Krücke fiel um.

Die anströmenden Konkurrenten um einen Platz am Automaten hielten in gebührendem Abstand inne und starrten auf mich und meine Anstrengungen, die Krücke wieder aufzuheben. Mittlerweile ärgerte ich mich schon nicht mehr über die ewig umfallenden Krücken, es gehörte schon dazu, es war unwichtig geworden. Egal! Total egal. Meine gefühllosen Hände standen jetzt im Vordergrund und verlangten alle Aufmerksamkeit. Einen Augenblick dachte ich darüber nach, den Kampf mit mir und den Konkurrenten aufzunehmen, aber nur für einen kurzen Augenblick, dann kapitulierte ich. »Gehen Sie doch bitte vor. Ich habe etwas vergessen«, sprudelte es aus mir heraus. Was für ein idiotischer Grund. Das glaubte mir doch keiner. Es fiel mir aber nichts Besseres ein und so stellte ich mich an die Wand neben dem Automaten und suchte weiter meinen Parkschein. Meine Krücken lehnten an der Wand. In der rechten Innentasche der Jacke wurde ich fündig. Sicherheitshalber steckte ich mir den Schein zwischen die Lippen und zog meine Jacke wieder an.

Zweiter Versuch. Ich stellte mich vorm Automaten an und hatte nur eine junge Frau vor mir. Sie steckte ihren Parkschein in den Automaten. Es dauerte eine Sekunde, maximal zwei. 1,60 Euro zeigte das Display an. Sie griff in ihre Tasche und holte ihre

Geldbörse heraus, öffnete sie, schaute noch einmal zum Display und holte nach kurzer Suche ein Zwei-Euro-Stück aus der Börse. Es dauerte fünf Sekunden. Das Einwerfen in den Schlitz des Automaten war nur noch Routine. Sie drehte sich um und lächelte mir zu, als sie den Platz frei machte. Endlich stand ich wieder vor dem Automaten, hatte meine Krücken in die stinkende Ecke gelehnt und meinen Parkschein zwischen den Lippen. Jetzt nur noch den Parkschein in den Aufnahmeschlitz am Automaten stecken und dann war es geschafft.

Meine linke Hand wollte den Weg zum Schlitz einfach nicht finden. Mir stand der Schweiß auf der Stirn. Sollte ich so kurz vor dem Ziel scheitern? Der Frust war so groß, dass ich die Rufe von hinten – »Geht es da endlich mal weiter?« – nur noch aus weiter Ferne wahrnahm. Ob ich für immer in der Urin verpesteten Ecke bleiben musste oder in China ein Sack Reis umfiel, es spielte keine Rolle mehr. Und so fand meine linke Hand, wie selbstverständlich, völlig entspannt das angepeilte Ziel. 80 Cent zeigte das Display. Ich griff an meine hintere rechte Hosentasche, wo sich nun wieder meine Geldbörse befand. Es war kein Schock mehr für mich. Die Wutschreie in meinem Inneren waren kaum noch zu hören und der neuerliche Rückschlag löste in mir tiefe Lethargie aus. Ich hatte dämlicherweise mein Geld wieder hinten in die Hose gesteckt.

Nun geschah etwas ganz Erstaunliches. Die Geldbörse war einfach in meiner Hand und wie von Geisterhand öffnete sie sich ganz langsam. Mit den Gedanken ganz woanders und die Blicke in die vollgepisste Ecke gerichtet, fand ich ein Ein-Euro-Stück. Mein Blick wanderte zur Automatenoberfläche, dann in meine rechte Hand, wo sich die Münze sicher zwischen Zeigefinger und Daumen befand. Nichts konnte mich mehr stoppen, keine Krücke mehr umfallen. Der Druck war vollständig gewichen. Etwa zehn Sekunden waren vergangen, bis die Münze in den Schlitz des Automaten fiel. Ich zog den abgestempelten Schein aus dem Automaten, nahm meine Krücken und wandte mich wortlos in

Richtung Fahrstuhl. Ich meinte, die hasserfüllten Blicke der Wartenden im Nacken zu spüren. 30 Sekunden hatten ausgereicht: Die Schlange der Wartenden war auf 15 Personen angewachsen. Mir wurde bewusst, dass die Zeit für mich ab jetzt anders tickte. Ich musste meine eigene Geschwindigkeit finden.

Als ich mit dem Auto an der Ausfahrt des Parkhauses ankam, hatten die alten Gewohnheitsmuster wieder Besitz von mir ergriffen. Etwa 20 Zentimeter fehlten, um mit heruntergekurbeltem Fenster den Parkschein in den Automaten vor der Schranke zu stecken. Also Automatik auf P stellen, Fuß von der Bremse nehmen und Parkschein im Fonds des Fahrzeugs suchen. Drei Sekunden waren vergangen. Der Parkschein lag auf der Ablage des Beifahrersitzes vor der Windschutzscheibe. Da legte ich ihn gewöhnlich hin. Ein hektischer Griff und der Schein fiel in den Fußraum vor dem Beifahrersitz. Fünf Sekunden waren seit dem Erreichen der Schranke vergangen. Ich beugte mich weit herüber in den Fußraum, wurde aber durch meinen Gurt etwa zwei Zentimeter vor Erreichen des Ziels gestoppt. Zurückbeugen und den Gurt lösen – zwei Sekunden. Nach insgesamt sieben endlosen Sekunden streckte ich meinen linken Arm aus dem geöffneten Fenster gen Automatenschlitz. ›Es geht nicht. Verdammt, es geht nicht.‹ Ich öffnete die Fahrertür.

Es waren insgesamt acht Sekunden vergangen, bis die ersten Wartenden hinter mir mit dem Hupkonzert begannen. Der Versuch, sich mit dem Arm durch die halb geöffnete Tür zu lehnen, scheiterte. Ich hätte das Gleichgewicht verloren. Neun Sekunden. Zurück auf dem Fahrersitz warf ich einen panischen Blick in den Rückspiegel. ›Ist das Schaum vor dem Mund?‹, fragte ich mich beim Blick auf den ersten Verfolger. Bekam man für gewöhnlich nach zehn Sekunden Wartezeit Schaum vor dem Mund? Oder hatte der Mensch was Falsches gegessen?

Stopp!!!

*Ich muss an dieser Stelle, auch wenn der Leser zum Bersten gespannt ist, unterbrechen. Wir sehen uns im oben beschriebenen Moment einer völlig veränderten Situation zu der an der Kasse oder am Bezahlautomaten gegenüber. Warum? Es handelt sich um das Reservat des deutschen Mannes und der jungen emanzipierten Frau: das Auto. Hier gelten andere Regeln. Nicht umsonst liest man immer wieder in den reißerischen Überschriften der Regenbogenpresse: »Krieg auf Deutschlands Autobahnen!« Da wird was dran sein! Nun gut, ich befand mich nicht auf der Autobahn, dafür hatten die FahrerInnen hinter mir aber auch schon eine unendlich lange Wartezeit in Kauf genommen. In dem Symbol der Freiheit, dem Auto, aufgehalten zu werden, grenzte an Nötigung. Es ist Nötigung. Was hat man denn heutzutage noch? Die Armut in Deutschland ist unerträglich und nun wird auch noch das Bollwerk der Erfolgsgeschichte der Nachkriegszeit aufgehalten. Die Toleranzgrenzen verschwinden im Lieblingsspielzeug der Deutschen fast völlig. Auf den Straßen herrscht noch wahre Freiheit, Anarchie. Zehn Sekunden bedeuten da Krieg.*

So stellte ich beide Beine vor die geöffnete Fahrertür und stieg aus. Nach insgesamt zwölf Sekunden hatte ich den Parkschein im Automaten. Hektisch ließ ich mich rückwärts auf den Sitz gleiten, wobei ich mir den Kopf am Türrahmen anstieß. Das Hupkonzert hinter mir schwoll innerhalb des Parkhauses zu ohrenbetäubendem Lärm an. Wie lange würde die Schranke aufbleiben? Mein Schädel schmerzte wie verrückt, als ich die Fahrertür schloss. 14 Sekunden. Der Blick in den Rückspiegel zeigte die Grimasse einer Bestie, die sich jeden Moment aus dem Käfig befreien würde, zum Sturm auf mein Auto bereit. Ich fummelte ohne großen Erfolg am Gurt, um mich vorschriftsmäßig anzuschnallen. Immer wieder schaute ich in den Rückspiegel. Ich musste mich versichern, dass niemand sein Auto verließ. 15 Sekunden. Entnervt gab ich auf und fuhr unangeschnallt los. Das Autoradio war noch an, doch die Stimmen fanden bei mir nur taube Ohren.

›Nie wieder!‹, dachte ich.

Da waren sie also geboren, meine drei »Nie wieder«:

Nie wieder in ein Parkhaus fahren.

Nie wieder ein Portemonnaie mit Kleingeldfach benutzen.

Und nie wieder etwas in eine Hosen- oder Jackentasche stecken.

Diese »Nie wieder« haben Bestand. Sie sind zementiert in mein Lebenskonzept. Sie bieten Sicherheit. Doch wie heißt es so kitschig, nichts ist von Dauer.

»Übrigens, schau auf deine Uhr und warte, bis der Sekundenzeiger auf der Zwölf ist. Nun beobachte 30 Sekunden das Wandern des Zeigers über das Ziffernblatt. Siehst du, wie er kriecht? Können 30 Sekunden so unendlich lange dauern? Hast du nicht für möglich gehalten, oder?«

Tick, tick, tick …

# Auswurf

Es gibt gerade bei den neurologisch erkrankten Menschen Krankheitszeichen, die irritierend auf die »Normalos« wirken. Diese Zeichen passen nicht zu den Posen des derzeitigen und des vergangenen Zeitgeistes. Um diese Inkompatibilität der Behindertenzeichen mit der Welt der »Normalos« zu analysieren, muss man etwas weiter ausholen.

Zu Beginn des Siegeszugs des Homo sapiens haben sich vermutlich gewisse Verhaltensmuster als pure Überlebensstrategie des körperlich nicht sehr imposanten Erdbewohners ausgebildet. Heute wissen wir, dass der messerscharfe Geist zu dem evolutionären Erfolg, also dem zeitweiligen Überleben, des Menschen geführt hat, erdgeschichtlich gesehen wird der Mensch wohl nur eine Randnotiz im Unendlichkeitsplan sein.

Das Erkennen von Freund und Feind gehört zu den elementaren Überlebensstrategien des Menschen. Die Gesichtszüge des Individuums spielen da eine ganz wichtige Rolle. An der Behaarung und dem Gang beispielsweise ließ sich der Mensch viele tausend Jahre oder hundert Jahre oder zehntausend Jahre – ist ja auch egal – vom Affen nicht unterscheiden, was gerade beim Paarungsverhalten immer wieder zu Verwechslungen führte. Auch das überwand der Mensch, indem er die Erkennungsmerkmale für seine Rasse verfeinerte. Heute hat der Mensch – im Besonderen die Frau – das schützende Fell abgelegt. Ich möchte jetzt den erhellenden ethnologischen Ausflug in die Frühzeit des Menschen beenden und in die Jetztzeit zurückkehren.

Die Frage ist: »Woran erkennt der ›Normalo‹ die Zeichen der Behinderung und wichtiger noch, wie kommt er zu seiner Einstufung des Geisteszustands?« Nehmen wir einmal den stark betroffenen Parkinson-Kranken, der gezeichnet durch sein Maskengesicht und den von Schluckbeschwerden verursachten Speichelfluss dasitzt. Unfähig, seinen wahren Gedanken physischen Ausdruck zu verleihen, sitzt er eingeschlossen in seinem Körpergefängnis. Es hockt dort ein wacher Mensch, im Berufsleben war er Malermeister mit eigenem kleinen Betrieb. Er hatte sich seine Rente auch anders vorgestellt. Jetzt ist er auf Hilfe angewiesen und verbringt die Zeit mit Lesen, solange es die Kraft zulässt. Unfähig, den inneren Erregungszustand, Emotionen wie Freude oder Wut nach außen zu transportieren, stört ihn aber besonders das Sabbern. Er hat sich arrangiert.

Dem Mann sieht man seine Behinderung an. Sabberndes Maskengesicht scheint ein eindeutiges Zeichen für eine sichtbare Behinderung zu sein. Scheinbar! Doch wie kommt der Betrachter zu seinem Urteil? Ist es das Sabbern? Haben wir das Sabbern wie unser Fell abgelegt?

Jeden Samstag, wenn im Fernsehen die Fußballbundesliga gezeigt wird, können wir die millionenschweren Jungs über den grünen Rasen jagen sehen. Wir werden Zeuge interkultureller Begegnungen, die mit dem obligatorischen Händeschütteln beginnen. Dann versammelt man sich um den Mittelkreis und los geht's. Doch halt. Der geneigte Beobachter kann noch ein anderes Merkmal der hoch dotierten Wadenmenschen feststellen. Es wird erst mal gerotzt und gesabbert. Dies ereignet sich einzeln oder im Rudel. Der Fußballer an sich hat mit dem Speichelausfluss mindestens so große Probleme wie der »Parki«. In Europa – ja weltweit – wird erfolgsorientiert unter modernsten sporttechnischen Gesichtspunkten für unvorstellbare Jahresgehälter um die Wette gerotzt. Die Fernsehsender reißen sich um die Großaufnahmen von rotzenden Helden der schönsten Nebensache der Welt, des Fußballs. Rudi Völler – der *Es-gibt-nur-ein'-Rudi-Völler*-Völler, ein deutscher Volksheld, Fußballweltmeister, dagegen ist Bundeskanzler ′ne Lachnummer – war im Rotzen und gleichzeitig, das zeichnete ihn als außergewöhnlichen Sportler aus, durch die Nase Speien einer der ganz Großen. Der Mann konnte laufen und dabei nach vorn rotzen, ohne sich trotz hoher Antriebsgeschwindigkeit zu besabbern. Ein Nasenloch zugehalten, den Kopf seitlich nach hinten gebeugt, war ihm die Gabe gegeben, den Druck eines Hochdruckreinigers aufzubauen. Bei der Fußballweltmeisterschaft 2006 haben sich unsere Jungs immerhin auf den dritten Platz gerotzt, um dann mit nichtssagenden Maskengesichtern in den Pressekonferenzen zu sitzen. Was sich hinter den Gesichtern sonst noch verbirgt, wissen wir nicht, aber Druck auf jeden Fall.

Leider ist unser »Parki« aus dem Alter raus, ein erfolgreicher Fußballer zu werden. Er kann auch nicht so viel Druck aufbauen, dafür hat er was in der Birne, das kann ihm niemand nehmen.

# Rückblick

Mittlerweile habe ich zu einigen MSlern Kontakt. Es haben sich sogar Freundschaften ergeben, die ich nicht mehr missen möchte. Während der häufiger gewordenen Klinikaufenthalte treffe ich immer mehr alte Bekannte. Man tauscht Erfahrungen aus. Man freut sich, einfach wieder dabei zu sein. Unter den alten Hasen und Häsinnen gerät die Krankheit im Laufe der Jahre immer mehr in den Hintergrund, wobei Alltagsthemen diesen Platz einnehmen. Ich mag das Gefühl, mich völlig unbeobachtet auch mal durchhängen zu lassen. Natürlich lernt man immer wieder neue Menschen kennen, interessante und weniger interessante.

Das erste Kennenlernen beim gemeinsamen Mittagessen im Speisesaal einer Rehaklinik folgt immer gleichen Ritualen. Meist sitzen die Neuankömmlinge etwas verklemmt und wortlos am Tisch. Während sie im gewöhnungsbedürftigen Essen stochern, wird rege über die morgendlichen Anwendungen diskutiert. Die einen hatten zu wenig Anwendungen und die anderen beschweren sich über ihren unmöglich zu bewältigenden Zeitplan. Die Profis wissen genau, was man schaffen kann und was einem gut tut. Sie geben bereitwillig ihre Erfahrungen an die Frischlinge weiter.

»Hallo! Heute gerade erst angekommen?«

»Ja, eben erst, bin heute morgen im Stau stecken geblieben. Ach ja, ich bin die Sabine!«

Nun stellen sich alle mit Vornamen vor. Man duzt sich gewöhnlich.

»Bist du zum ersten Mal hier?«

»Ja, das ist überhaupt meine erste Reha.«

»Weshalb bist du denn hier?«

»MS.«

»Wie lange hast du denn schon MS?«

Das ist der Zeitpunkt, an dem sich das eigentlich immer gleiche gegenseitige Bekanntmachen einem interessanten Punkt nähert. In der Spezialklinik für MS und Parkinson werden die Tische nach Alter, Krankheit und Behinderungsgrad zusammengestellt. An den großen Tischen sitzen fast immer die jüngeren MSler zusammen. Die folgende Antwort habe ich schon hundertmal gehört und sie scheint symptomatisch für den typischen MSler zu sein.

»Meine Diagnose habe ich seit 2008, aber eigentlich habe ich schon seit zehn Jahren MS.«

Aha, da haben wir es wieder. Diagnose 2008, aber schon viel länger krank. Da war schon ein Kribbeln, als man noch keine Ahnung von seinem Schicksal hatte. Müdigkeit, die Modeerscheinung bei MS, unerlässlich, um wirklich dazuzugehören, hat in der Regel schon in der ausklingenden Jugend begonnen. Ich bilde da keine Ausnahme und habe auch meine selbst diagnostizierten Frühsymptome, die auf Erkenntnissen aus dem Erleben meiner Krankheit beruhen.

Da war die eigenartige Geschichte mit meinen Rückenbeschwerden, die sich besonders heftig in meiner Wehrdienstzeit bemerkbar machten. Ich fiel nicht unter die »Dritter-Sohn-Regel« und bekam meinen Einberufungsbefehl. An Zivildienst hatte ich keinen Gedanken verwendet. Ich hatte nur mein anschließendes Studium im Kopf, mit dem ich so schnell wie möglich beginnen wollte. Pragmatisch betrachtet kam nur der Bund infrage. So entschied ich mich – eigentlich entschied ich mich ja für gar nichts – für den Männerspielplatz. Den Hort des geselligen Bewusstlossaufens unter tumben Vorgesetzten, die abends im Offiziersheim aus voller Brust das *Horst-Wessel-Lied* singen. Ich hatte das Glück, mit dem Gymnasiastenjahrgang eingezogen worden zu sein, was die lustigen Spielchen, wie nachts in Klamotten unter die Dusche stellen oder heimlich ins Bett pinkeln, in Grenzen hielt.

Ich hätte mir auch in meinen kühnsten Fantasien niemals vorgestellt, dass dieser Haufen von gescheiterten Existenzen, der mit Kriegsspielzeug aus den Restbeständen der Reichsarmee in Freigehegen spielte, jemals ernsthaft einen Auftrag in Krisengebieten wahrnehmen würde. Deshalb dachte ich nicht großartig über den Aufenthalt beim Bund nach.

Als das Schießen begann, traten bei mir die ersten Auffälligkeiten zutage. Ich schoss wie eine Wildsau, wie mein Schießausbilder sagte. In der Schießanlage, zu der man erst einmal hinlatschen – sorry, marschieren – musste, waren die Zielscheiben an der rückwärtigen Wand vorne offener Holzhallen angebracht. Man stand sich stundenlang die Beine in den Bauch, bevor man unter strenger Aufsicht des Schieß-Unteroffiziers (UOfz) losballern durfte. Im Laufe der Grundausbildung erreichte man mehrere Stufen der Schießausbildung, deren Güte im Schießbuch eingetragen wurde.

Schon mein erstes Schießen war ein Desaster. Der UOfz verfolgte meine Schüsse mit dem G 3, wie die Braut des Soldaten heißt, gespannt und konnte auch beim dritten Schuss keinen Einschlag auf irgendeiner Scheibe bestätigen. Auch in der Umgebung der Scheibe war der Einschlag der Kugel nicht lokalisierbar. Vielleicht hatte sich das Geschoss während des Flugs schon zerlegt, dachte ich damals. Ich war mir jedenfalls keiner Schuld bewusst. Diese uralten Knarren waren doch auch alle krumm.

»Mann, Rekrut! Wo schießen Sie denn hin? Wollen Sie mich verarschen? Los, geben Sie die Waffe her!«, brüllte mich der Vorgesetzte außer sich vor Wut an.

Er begutachtete den Gewehrlauf optisch auf Abweichungen und schoss dann selbst.

Und tatsächlich landete sein Schuss nahe dem Zentrum der Scheibe.

»Geht doch, Mann, jetzt reißen Sie sich zusammen und setzen das Ding rein. Und stellen Sie sich nicht so grenzenlos dämlich an!«

Mit dieser Motivationshilfe konnte nichts mehr schiefgehen. Ich visierte also erneut das Ziel an, atmete korrekt und hielt das G 3 so ruhig, wie es nicht einmal Old Shatterhand hätte besser machen können. Der UOfz stand mit dem Fernglas gespannt neben mir und beobachtete das Zielgebiet. Meine Hand war so ruhig, ich war der Überzeugung, ich könnte einer Mücke ein Auge ausschießen. Ich beugte den Finger und der Schuss löste sich.

»Stehen Sie auf, Mann! Waffe hergeben! Stillgestanden! Sie sind ja ´ne Gefahr, Mann!«

Ich sah am Dachüberhang des Schießstandes Holz absplittern.

›Sollte der etwa zehn Meter von meiner Schießscheibe entfernt liegende Einschlag mein Schuss gewesen sein?‹, dachte ich.

»Sie nehmen bei uns keine Waffe mehr in die Hand, Rekrut.«

Ich konnte es eigentlich selbst nicht fassen. Jedenfalls hatte ich nicht simuliert, und der UOfz hatte es auch nicht in Betracht gezogen. Ich war einfach ein totaler Schießversager. Fortan musste ich, da ich den LKW-Führerschein hatte, nur noch Soldaten zum Schießplatz bringen und konnte mich lesend im Führerhaus ausruhen. Schnell wusste ich, die Vorzüge des Blindfischs in der Kompanie weidlich auszuschöpfen und zu genießen.

*Da waren sie: die ersten erzählbaren Zeichen meiner MS?*

Merkwürdig war's schon, aber … Es begaben sich in dieser Zeit noch weitere Auffälligkeiten, die man selbst mit viel Wohlwollen nicht als normal bezeichnen konnte.

Bei der Ausübung der verordneten Männerspiele mussten wir nachts raus, um uns mit anderen Rekrutengruppen den Kampf um ein freies Wochenende zu liefern. Wir sollten ein Ziel in der Umgebung mit Kompass finden, irgendeine Trophäe mitbringen und wer zuerst zurück war, bekam am Wochenende frei. Es war die Grundausbildungszeit, in der man eigentlich immer Wochenenddienst hatte. Die Truppe, die zuerst zurück war, musste natürlich vollzählig sein. Kameradschaft wurde sehr hoch eingeschätzt. Was dazu führte, dass die Langsamsten dann nachts doch kalt geduscht wurden, quasi als kameradschaftliche Motivationsspritze.

Wir waren zu sechst und ich konnte nach etwa fünf Stunden nicht mehr. Kamerad K. übernahm erst mein Gewehr, dann meinen Rucksack und trug zusätzlich noch ein wahnsinnig schweres Funkgerät vorm Bauch. K. war Heimschläfer und Landwirt. Er hatte keine Zeit, am Wochenende in der Kaserne herumzulungern. Seine Felder mussten bestellt werden. Also hieß die Devise: »Jungs, ich muss nach Hause. Die Viecher wollen versorgt werden. Wir gewinnen!«

So einfach war das. K. hatte alles fest im Griff. Er hätte auch die Sachen der anderen noch getragen und wir hätten immer noch gewonnen. Wir waren also die ersten und hatten uns das freie Wochenende redlich verdient. K. hatte sich, nachdem ihm acht Stunden das Funkgerät fortwährend vor den Bauch schlug, einen Nabelbruch zugezogen. Er drückte das Raushängende wieder rein und damit war's gut. Es war prima, so einen richtigen Naturburschen in der Gruppe zu haben, dachte ich, als ich völlig erschlagen in der Stube auf einem der unbequemen Holzstühle saß. M. schaute auf mein rechtes Hosenbein und sagte mit einem Schmunzeln auf den Lippen, ich sei undicht.

Ich schaute an mir hinunter und stellte fest, dass mir Blut das Bein runter in die Schuhe lief. Sofort waren meine Kameraden in heller Aufregung und sprangen um mich herum. Da war kein Schmerz, nichts. Mir war nicht klar, wo das Blut herkam. Als ich aufstand, um einen Rundumcheck durchzuführen, stand M. hinter mir und rief:

»Oh Gott, das muss doch beschissen weh tun!«

»Was denn?«

»Du hast dein Essbesteck im Rücken stecken.«

Tatsächlich hatte ich die Gabel meines Essbestecks etwa 1,5 Zentimeter tief oberhalb des Pos im Rücken stecken. Der Rest des Bestecks hatte sich aus der Hosentasche, wo es hingehörte, herausgeschoben und im Gürtel verhakt. Das musste beim

Hinsetzen passiert sein, denn als ich mich umdrehte, um nachzuschauen, fiel das Besteck runter. Ich griff an meinen Rücken und fühlte seltsamerweise nichts in dem ganzen Bereich um die Einstichstelle. Mein unterer Rücken war vollständig taub.

Nun durfte ich beim Bund nicht nur keine Waffe mehr abfeuern, sondern schlimmer noch, auch keine mehr tragen. Ob des Aufsehens, das ich erregte – man dachte in der Kaserne, ich hätte einen schweren Bandscheibenvorfall mit Lähmung im Rücken – blieben mir die bundeswehrüblichen Repressalien, weil ich einen Kameraden zusätzlich mit meiner Waffe belastete, erspart.

Nach unzähligen Untersuchungen im Bundeswehrkrankenhaus bekam ich meinen Fünf-Kilo-Schein und durfte fortan morgens im Blauzeug antreten. Will heißen, im blauen Baumwoll-Adidas-Trainingsanzug, der den Vorteil besaß, in ihm keine Figur mehr zu haben. Ich glaube, heutzutage sind die Dinger sogar wieder in. Ich fand sie unmöglich. Es wurde nie die Ursache für die Lähmung, die am nächsten Tag weg war, gefunden.

*Waren dies wieder Symptome meiner MS?*

Mein Rücken war krumm, ich hatte eine Wachstumsstörung, genannt Scheuermann, und meine Bandscheiben waren etwas mehr verschlissen als normal. Übersetzt hieß das wohl, dass eigentlich alles o. k. war. Ich bekam Massagen, Fango, Elektrobehandlungen und durfte beim Kriegsspiel nicht mehr im nassen, kalten Dreck schlafen. Mein Schlafplatz während der Übungen – es war Winter – lag fortan in einem extra für mich auf angenehme 21 Grad Celsius temperierten Wagen. Man wollte beim Bund offensichtlich kein Risiko mit mir eingehen. Ich beobachtete die harten Jungs aus sicherer wohliger Entfernung, wie sie sich mit bloßem Oberkörper bei minus sieben Grad mit Eiswasser wuschen.

Der Feldwebel meiner Truppe, ein mit *Hells Angels* auf den Fingerknöcheln tätowierter, ehemaliger Fremdenlegionär, jedenfalls behauptete er, einer gewesen zu sein, hatte mich natürlich auf dem Kieker. Er hasste Weicheier, wie ich einer war. Nach der morgendlichen Wäsche für ganze Männer rasierte er sich mit seinem Rambomesser, dessen etwa 30 Zentimeter lange Klinge scharf wie ein Rasiermesser war, demonstrativ den Dreitagebart. Selbstverständlich ohne Rasierschaum. Ich schaute ihm hinter meiner Fenstertarnung im LKW durch einen Spalt zu. Als er mich entdeckte, spürte ich den kalten Hauch des Todes in seinem Blick und zog sofort die Tarnung vor das Blickfeld. Für den Rest der Wehrdienstzeit war ich seinen Schikanen ausgesetzt, denen ich jedoch mit einem zarten Lächeln begegnete, während ich mich pflichtgemäß, mit korrektem Gruß und meinem Fünf-Kilo-Schein zur Massage in die nahegelegene Stadt verabschiedete. Ich kam selten vor Dienstschluss wieder. Tja, Gewalt siegt eben nicht immer.

Dann war da noch dieses merkwürdige Trinkverhalten. In der Jugend trank ich wie jeder anständige Jugendliche Unmengen an Alkohol, wodurch man im Konkurrenzkampf mit anderen viel Lob erntete. Ich dachte, es wäre völlig normal, dass ich nach drei Bier schon alles doppelt sah. Und ich konnte immer nur entweder rauchen oder trinken, aber nicht beides zusammen. Das waren natürlich sehr große Handicaps, die ich aber geschickt zu überspielen wusste. Ich hörte von exzessiven Besäufnissen, bei denen von Doppeltsehen berichtet wurde. Da konnte ich meine langjährige Erfahrung stolz einbringen.

Beim Bund führte mich mein unnatürliches Verhältnis zu Drogen in das Wunderland schizoider Erlebnisse, die mir nur aus dem Kino bekannt waren. Ein Stubenkamerad, mit dem ich zusammen jedes Wochenende mit der Bahn nach Norddeutschland hin- und zurückfuhr, konsumierte Joints wie ich Gummibärchen. Lange Zeit ließ ich mich nicht von dem Drogenbazillus anstecken. Unser Abteil roch so stark nach Hasch, dass ich bis heute nicht begreifen kann, wie die Schaffner das ignorieren konnten. Durch das Passivkiffen wurde mein Interesse am süßlichen Rauch mit jeder Bahnfahrt stärker, bis ich dem permanenten Werben meines Stubenkameraden nicht mehr widerstehen konnte.

Auf einer der nächsten Bahnfahrten war es so weit. Ich solle mit ein, zwei Zügen starten, empfahl mir S. Er versicherte mir, dass von zwei Zügen garantiert nichts Schlimmes geschehen würde. Bei den Mengen, die er sich reinzog, schien mir das schlüssig. Der Geschmack vom »grünen Afghanen« breitete sich angenehm in meinen Atemwegen aus und ich erwartete gespannt die Wirkung, die bei S. nicht mehr zu glättende Lachfalten ins Gesicht gezeichnet hatte. Minutenlang geschah nichts und Enttäuschung machte sich breit. S. meinte, das sei ganz normal, ich solle einfach noch ein paar Züge nehmen. Glücklicherweise war ich etwas ängstlich und beließ es beim Inhalierten. Zurück in der Kaserne legte ich mich etwas enttäuscht aufs Bett und dann stellte sich doch noch die sehnlichst erwartete Wirkung ein. Ich genoss es, wie sich mein gesamter Körper langsam von unten nach oben in Luft auflöste. Bis nur noch mein Kopf da war. Darin spielten sich schwindelerregende Halluzinationen ab. Ich schaute immer wieder an mir runter, um mich meines noch vorhandenen, aber nicht mehr spürbaren Körpers zu versichern. Die Wirkung wurde von Sekunde zu Sekunde durchschlagender. Die anderen Zugekifften auf der Stube lachten sich derweil über total sinnloses, unlustiges Zeug scheckig. Unwiderstehlicher Harndrang riss mich schließlich kurz aus meinem Rausch.

Als ich es endlich vom Bett herunter – ich lag oben in der Koje – geschafft hatte, fiel einer der Kiffer vor Lachen vom Stuhl. Unterdessen eskalierte auch die Fröhlichkeit der anderen, die auf meinen Schritt starrten. Ich war etwas zu spät hochgekommen. Schwankend und total schwindlig fand ich irgendwie den Weg zur Toilette. Da saß ich nun mit nasser Hose, völlig umsonst, als der 1,5 Quadratmeter große Raum verschwand und mein Kopf explodierte. Ich bekam Panik und wollte nur noch raus aus der Toilette, raus aus dem Rausch, raus aus meinem Körper. Ich weiß nicht, wie lange ich im Innenraum der Toilette randalierte, um herauszukommen, jedenfalls fand ich weder den Türgriff noch das Schloss vor mir. Irgendwann stieg einer der Stubenkameraden über die Toilettentür und öffnete mir von innen. Als ich nach über einer Stunde nicht von der Toilette zurückgekehrt war, war sogar den Zugekifften aufgefallen, dass da etwas nicht stimmte. Nachdem die Jungs mich in voller Montur unter die Dusche gestellt und kalt abgebraust hatten, saßen wir schweigend am Tisch in der Stube. Niemand konnte verstehen, wie man von zwei kleinen Zügen an einem Joint einen Rausch wie nach einer Überdosis Heroin haben konnte. Für den Rest der Wehrzeit bot mir nie mehr jemand Shit an. S. unterließ sogar das Kiffen im Zug mit mir in einem Abteil. Ich habe nie wieder gekifft.

*War das normal? War ich schon krank?*

Waren diese Erlebnisse tatsächlich die Anzeichen für eine chronische Krankheit? Sicher gibt es etwa eine Million Gründe für mein *Trainspotting*-Erlebnis oder eine kleine einmalige Taubheit im Rücken. Wenn man sich ohne Wissen um eine ernsthafte Krankheit mit solchen Kleinigkeiten beschäftigt, wird man bestimmt zum Hypochonder.

Letztlich stellt sich ja die Frage, warum es überhaupt von Interesse ist, mit unverrückbarer Überzeugung jedem auf die Nase zu binden, dass man nach eigener Diagnose schon ewig krank ist. Keine Ahnung! Ich habe es jedenfalls aufgegeben. Selbst wenn alle Vermutungen wahr wären, was bringt einem diese sinnlose Selbsterkenntnis? Außer möglicherweise das Gefühl, mit den langjährig Erkrankten mitreden zu können. Die Krankheitskompetenz durch zeitliche Dauer auszudrücken, scheint mir sehr zweifelhaft. Nichts geht über Qualität und dafür muss man nicht 20 Jahre krank sein. Gerade Frischlinge im MS-Kreis sind häufig durch solch zweifelhafte Schilderungen von Frühsymptomen sehr verunsichert und ängstlich. Also vergesst einfach meine Schilderungen! Obwohl, diese Nummer in der Toilette – wenn ich noch mal nachdenke – da könnte …

# Heilige Halle

Eines Abends – es war bereits nach 19.00 Uhr – bekam ich einen sehr merkwürdigen Anruf, der meinen Blick auf die Welt, wie sie wirklich ist, ein Stück weit mehr erhellen sollte. »Schatz für dich, dein Neurologe.« Mit diesen Worten drückte mir Manu das Telefon in die Hand. Das war genau das, was ich auf den Tod nicht ausstehen konnte. Ein Anruf, wenn er nicht gerade von Freunden kommt, auf den ich nicht vorbereitet bin. Dieser Anruf lag in der Skala von eins bis zehn der unvorhersehbaren Anrufe eindeutig ganz oben. Ich kann mich auch an keinen Anruf erinnern, der mich jemals derart sprachlos zurückgelassen hätte. Und Sprachlosigkeit gehört eigentlich überhaupt nicht zu meinen Umgangsformen.

»Hallo!«

»Hallo, Herr Riepe! Ich muss Ihnen, so leid es mir tut, eine schlechte Mitteilung machen.« Jetzt legte er erst mal mit Selbstverteidigungsstrategien und Verleugnung der eigenen Verantwortung los. Während ich dem Vortrag über durch Regressforderungen in tiefe Armut gestürzte Ärzte kommentarlos folgte, fragte ich mich, auf was dieser Anruf außerhalb der Praxiszeiten wohl hinauslaufen sollte. Beim Lauschen des Intros drängte sich mir die Frage auf, ob der Mensch keinen Therapeuten hatte, dass er ausgerechnet mir abends nach der Arbeit sein Herz ausschüttete. Nachdem ich schon nicht mehr damit rechnen konnte, dass der Vortrag in einem irgendwie gearteten Ziel münden würde, traf es mich mit voller Wucht. »Also, Herr Riepe, ich kann Ihnen keine Cortisoninfusionen mehr auf Kassenrezept geben! Entweder Ihre Krankenkasse bestätigt Ihnen schriftlich die Kostenübernahme oder ich stelle Ihnen nur noch Privatrezepte aus.«

»Aha!« Mehr als dieses nichtssagende »Aha« brachte ich nicht zustande, was auch sehr schwer war, denn mein »Neuro« setzte seinen Vortrag über böse Institutionen und wer der Vertragspartner von wem ist und warum er das ist, fort. Wie gesagt, ich war völlig unvorbereitet – sozusagen auf dem falschen Fuß erwischt –, weshalb ich wenig von dem Telefonat verstand und mir alles genauso nebulös erschien wie dem Leser jetzt. »Ach ja, den Magenschutz kann ich Ihnen auch nicht mehr aufschreiben. Kümmern Sie sich am besten schnell darum, man weiß ja nie, wann der nächste Schub kommt. Einen schönen Abend noch.« Das war's.

»Was wollte er denn von dir, Dirk?«

»Moment! Ich versuche gerade, das Gehörte zu sortieren«, entgegnete ich Manu, immer noch unter Schock stehend. »Ich glaube, die Kassenärztliche Vereinigung hat den Ärzten verboten, Cortison als Infusionslösung auf Rezept zu verschreiben, da es ein Off-Label-Medikament ist oder irgendwie mit einem Mal geworden ist oder vielleicht doch schon immer war, was aber keinem aufgefallen ist.«

»Was redest du für ein wirres Zeug? Und was bedeutet Off-Label? Und was sollst du jetzt machen? Wie kommt der denn darauf dich abends anzurufen?«, klang es von Manu aus der Küche.

»Papa, du kriegst keine Medikamente mehr?«, schaltete sich jetzt noch meine Tochter ein. Total genervt rief ich: »Ich habe keine Ahnung! Ich kann keine der Fragen beantworten. Ich weiß es nicht …«

»Aber Papa …«, wollte jetzt auch noch die Jüngste ihren Senf dazugeben.

»Für heute ist das Thema durch! O. k.?«, rief ich meinen drei fürsorglichen Frauen zu und setzte mich grübelnd vor den Fernseher.

In den nächsten Tagen beschäftigte ich mich ausschließlich mit der Begriffsrecherche im Internet. Was bedeutete Off-Label?

Google spuckte gleich Tausende von Seiten aus. Ein Glück, dass mir meine Arbeit in der Firma einen gewissen Spielraum erlaubte. So beschäftigte ich mich auch während der Arbeitszeit einschließlich Mittagspause mit dem Projekt »Was wollte mir mein ›Neuro‹ sagen?«. Ganz langsam lüfteten sich die Schleier der Unwissenheit. Es gab also eine Liste. So wie eine böse schwarze Liste mit Medikamenten, die in Deutschland zugelassen sind, aber für den gemeinen Kassenpatienten von den Kassen nicht bezahlt werden. Oder war es vielmehr so, dass die Kassenärztliche Vereinigung den Ärzten die Medikamente innerhalb ihrer Budgets untersagte? Oder war es das Gesundheitsministerium, das den Kassenärztlichen Vereinigungen vorgab, den Ärzten das Verschreiben von Off-Label-Medikamenten zu verbieten? Oder so! Ich trug mich zu dieser Zeit mit dem Gedanken, Gesundheitswissenschaften als Gasthörer an der Uni zu belegen, um herauszufinden, wie unser Gesundheitssystem funktioniert.

Beim Stöbern fiel mir ein: ›Ging es wirklich um Cortison? Konnte es sein, dass ich mich verhört hatte? Cortison als Off-Label-Medikament?‹ Cortison ist das Zaubermittel der modernen Medizin, wahrscheinlich auch das einzige, das definitiv gegen alles wirkt. Cortison wird von den Patienten gefürchtet, von den Ärzten verehrt. Von Hautausschlag, Fußpilz, Gicht, MS – die Reihe ließe sich schier endlos fortsetzen – bis zu Anwendungen bei Transplantationen gegen Organabstoßung: Cortison bringt's.

Ein weiterer Abend im Internet gab Aufschluss. ›Aha, was nicht auf dem Beipackzettel steht, ist Off-Label-Use.‹ Ich hatte ja sowohl Infusionslösung als auch Tabletten für den Notfall immer im Haus. Wenn sich kein Arzt im Schubfall fände, hätte ich mir selbst eine Infusion gemacht. Das war jedenfalls mein Plan. Ein Blick auf die Beipackzettel lüftete das Geheimnis. Für die Tabletten war MS aufgeführt, für die Infusionslösung nicht. Der Wirkstoff ist natürlich derselbe. O. k., das bedeutete zurück an den Computer und weiter recherchieren. Ab jetzt wurde es etwas schwieriger, detaillierte Informationen aus dem Netz zu ziehen. Meine Augen hatten die Größe von Erbsen und die Uhr zeigte 3.50 Uhr, als ich durch Zufall auf eine Abhandlung traf, die sich mit meiner Frage beschäftigte. Die dargelegte Argumentation leuchtete mir sofort ein.

Die Patente für Cortison waren abgelaufen. Die Preise waren im Keller. Eine nachträgliche Zulassung speziell für MS war zu teuer. Obwohl ich hundemüde war, kam mein Blutdruck blitzartig wieder hoch. Ob diese Information stimmte oder nicht, war mir egal. Sie spielte mir jedenfalls direkt in die Karten und bestärkte mich in meiner Vorstellung von geldgeilen Pharmakonzernen, die mit Hilfe von Politlobbyisten ihre Aktionäre glücklich machten aber nicht den Endverbraucher, also mich.

›Nicht mit mir!‹, dachte ich, entschlossen den Kampf David gegen Goliath auszufechten – bis zum Letzten. Noch hatte ich keine Ahnung, wer Goliath eigentlich war. Die Pharmaindustrie war es jedenfalls nicht.

Am nächsten Tag kam ich völlig übermüdet in der Firma an. Für 8.00 Uhr war direkt eine Chefbesprechung angesetzt, an der ich ausnahmsweise teilnehmen musste. Nach meinem Outing in der Firma war ich vom großen Chef persönlich aller Führungsaufgaben und der Alltagsgeschäfte enthoben sowie von der Teilnahme an nervenden, ganztägigen, sinnlosen Sitzungen freigestellt worden. Bei vollem Gehalt. Der Mann war noch ein Kapitalist alten Schlags, der morgens um 7.30 Uhr vor dem Eingang stand und selbst schaute, wer zu spät kam, und der eine Verantwortung gegenüber seinen Mitarbeitern fühlte, jedenfalls mir gegenüber. Er sah mich auch heute morgen und begrüßte mich mit Handschlag, was eine herausragende Geste war und nur den Allerwenigsten zuteil wurde.

»Geht es Ihnen nicht gut? Sie sehen völlig fertig aus. Gehen Sie doch besser wieder nach Hause und legen sich hin!« Ich erzählte ihm kurz von meiner nächtlichen »Tour de Internet«. Der Mann war ein Mensch schneller Entscheidungen und sagte: »Nun schlagen Sie sich nicht mit so einem Mist herum! Schicken Sie die Rechnung an meine Sekretärin, wir brauchen Ihre Kraft hier!« Gespräch beendet. Ich ging nach Hause und legte mich ins Bett. Kurz bevor ich in tiefen, seligen Schlummer fiel, meldete sich mein moralisches Gewissen. Ja, so etwas gibt es. Ich war zwar selbst ein bisschen überrascht, aber wild entschlossen, trotz des noblen Angebots meines Chefs die Angelegenheit bis zum Ende durchzufechten. ›Schon aus Prinzip! Man hatte doch seine Prinzipien. Nur weil man ein bisschen eingeschränkt ist, muss man doch nicht seine Prinzipien über Bord werfen. Jawohl!‹ Zufrieden und mit einem klaren Ziel vor Augen schlief ich ein.

Erholt und voller Elan begann ich das Projekt »Kampf den Institutionen«. Zuerst rief ich bei der Kassenärztlichen Landesvereinigung Ostwestfalen-Lippe (KLV-OWL) an. Selbstverständlich gab es nicht nur eine Kassenärztliche Vereinigung. Nein, es gab zig davon. Verschachtelt, ein Geflecht der Dienstleistungsindustrie, die völlig sinnentleert von den Krankenkassen – sprich mir – bezahlt wird. Von denen sollte es eine schriftliche Aufforderung an die Kassenärzte geben, Off-Label-Medikamente nicht mehr zu verschreiben. Eine sehr nette weibliche Stimme meldete sich mit: »Kassenärztliche Landesvereinigung Ostwestfalen-Lippe. Mein Name ist Eva G. Was kann ich für Sie tun?« Als ich der Frau mein Anliegen, das Rundschreiben an die Kassenärzte erhalten zu wollen, bestimmt aber betont höflich ans Herz gelegt hatte, änderte sich ihre Stimmlage schlagartig von seidenweich zu krächzend aufgebracht. »Wie kommen Sie darauf, hier anzurufen? Was bilden Sie sich eigentlich ein? Wir sind die Organisation für unsere Mitglieder und das sind Ärzte! Wenden Sie sich gefälligst an Ihren Vertragspartner! Sie zahlen ja schließlich auch da.« Schweigen. »Hallo? Haben Sie mich verstanden?« Unfähig eine Antwort zu geben, war ich für einen kurzen Augenblick wie paralysiert. Mit so einer Reaktion hatte ich nicht gerechnet. Zum Glück hatte ich für Notfälle, aus meiner langjährigen beruflichen Tätigkeit, die Arschkriecher-Schleimernummer immer parat.

»Ja!«, antwortete ich mit gebrochener Stimme. »Es tut mir sehr leid, Frau G. Ich, ich bin bei Ihnen wohl ganz verkehrt gelandet.«

Man muss beim Arschkriechen – ganz wichtig – die Anonymität dadurch brechen, dass man den Gesprächspartner permanent mit seinem Namen anspricht. Dafür habe ich immer einen Stift neben mir liegen, da mich der Name natürlich weder interessiert noch könnte ich ihn mir merken. Wahrscheinlich gibt es mittlerweile für aufstrebende Manager Arschkriecher-Seminare unter dem Motto »Die Reise durch den Dickdarm bis an die Spitze«. Es gibt ja für alles Gesprächs- und Kommunikationsseminare. Für Verkäufer, Einkäufer, Vertriebsleute, Manager etc., aber ich schweife ab.

Jedenfalls zog die warme Verzweiflungsnummer auch bei Frau G. Eins muss ich an dieser Stelle noch erwähnen. Ich habe mir die Unterwürfigkeitspose bei unseren Katzen abgeschaut und das Ganze mit Fachliteratur aus dem Bereich Psychologie kombiniert. Unser Kater Halef schmiss sich auch immer unterwürfig vor den großen, stärkeren Kater Dennis. Er bot seine Kehle an. Am Schwanzwedeln konnte man die Aufregung des Kontrahenten erkennen. Dann entspannte sich die Situation und Dennis wurde für einen kurzen Augenblick unachtsam, was Halef zu einer überraschenden Attacke nutzte. Ausprobiert hatte ich dieses Verhalten bei einem Kollegen, zu dem ich zugegebenermaßen ein sehr gespanntes Verhältnis hatte und der dummerweise mein Vorgesetzter wurde. Ich lernte meinen Selbsterniedrigungstext vorher auswendig und spielte zu Hause alle möglichen Antwortszenarien mit unserer Katze Lilo durch, die sich durch mein Gerede nicht aus der Ruhe bringen ließ. Bei meinem Kollegen war es ein voller Erfolg. Wieso also nicht auch bei Frau G.?

»Wissen Sie, Frau G., ich bin verzweifelt. Ohne mein Medikament sieht es schlecht aus für mich, aber es tut mir sehr leid, Sie damit behelligt zu haben.«

21, 22, 23, … Jetzt musste sie reagieren und mir entgegenkommen, sonst hatte ich verloren.

»Hallo, sind Sie noch dran? Wissen Sie, Herr … Wie war noch mal Ihr Name?«

»Riepe.«

»Herr Riepe, eigentlich darf ich Ihnen das Schreiben nicht schicken. Es ist nur für die Ärzte gedacht.«

»Ja, ist o. k. Ich verstehe Sie, Frau G. Ich möchte Sie ja auch nicht in Verlegenheit bringen.«

»Haben Sie eine Faxnummer?«

Chakka! Sieg. Fünf Minuten später hatte ich das Rundschreiben der KLV-OWL an die Kassenärzte auf meinem Fax. Tatsächlich wurde in dem Schreiben den Ärzten, die Off-Label-Medikamente verschrieben, mit Regressansprüchen gedroht. Nun musste ich mich um meinen Vertragspartner kümmern. Doch zuvor suchte ich im Internet weiter nach Informationen. Ich erfuhr, dass alle Gremien – einschließlich Gesundheitsministerium und Verband der Krankenkassen – die Entscheidung der KLV-OWL abgesegnet hatten. Der nächste Schritt war ein Anruf bei meiner Geschäftsstelle der Techniker Krankenkasse (TK), aber nicht in der Maniküreabteilung der Sachbearbeiterinnen, sondern bei einem Abteilungsleiter. Ich schilderte dem zuständigen Verantwortlichen mein Anliegen um eine schriftliche Freigabe für Cortison als Infusionslösung. Zur Antwort bekam ich: »Herr Riepe, Ihr Neurologe will Sie nicht behandeln? Verklagen Sie ihn wegen unterlassener Hilfeleistung!«

»All die ganze Vorbereitung für die Katz«, schoss es mir durch den Kopf. Ich sollte meinen Arzt verklagen? Mein Telefonpartner war ein ernst zu nehmender Gegner mit guter Ausbildung in der Gesprächsführung. Aber verklagen?

»Hören Sie mal, Herr … Wie war Ihr Name bitte?«

»S.«

»Bin ich bei Ihnen versichert? Zahle ich bei Ihnen monatlich meine Beiträge? Sie sind mein Vertragspartner oder etwa nicht?« Das saß. An der Stimme hörte ich eine erste leichte Verunsicherung. »Ja, das stimmt, aber trotzdem ist Ihr Arzt verpflichtet, Sie nach bestem Ermessen zu behandeln, und natürlich wird das von uns abgedeckt. Er soll Ihnen einfach ein Rezept ausstellen.«

»Genau das ist der Punkt, Herr S. Weil Ihr oberstes Gremium eine Entscheidung zu Off-Label-Medikamenten gefällt hat, darf mein Arzt mir kein Rezept ausstellen.«

»Entschuldigung, Herr Riepe, Ihr Arzt ist durch seinen Hippokratischen Eid verpflichtet, Sie zu behandeln. Selbstverständlich übernehmen wir die Kosten.«

»Super, Herr S.! Dann komme ich gleich vorbei und hole mir meine schriftliche Bestätigung bei Ihnen ab.«

»Herr Riepe, Sie brauchen keine schriftliche Bestätigung. Ich sagte Ihnen doch, dass wir die Kosten übernehmen.« So lief das Gespräch in eine Sackgasse, zumal ich überhaupt nicht wusste, was der mir immer wieder mit »Wir übernehmen die Kosten« sagen wollte. Irgendetwas hatte ich im Internet übersehen. Irgendwie musste ich den Menschen dazu bringen, ohne dass er meine Unwissenheit bemerkte, mir zu sagen, wohin der Hase wirklich lief.

»Was erzählen Sie mir hier, Herr S.? Ich bin seit zehn Jahren chronisch krank und bekomme alle paar Monate riesige Mengen Cortison, wie Sie sicherlich in Ihren Unterlagen nachschlagen können.«

»Nein.«

»Wie, nein? Sie wissen nicht, was ich immer verschrieben bekomme?«

»Nein, das wissen wir nicht. Dafür entrichten wir ja für jeden Versicherten eine Pauschale an die Kassenärztliche Vereinigung.« So lief die Nummer also. Meine TK wusste angeblich überhaupt nicht, was mit mir als Beitragszahler los war. Langsam zog sich die Hasskappe über mein Gesicht und ich musste mich sehr beherrschen, um nicht im Gespräch auf sinnlose Beleidigungen zu verfallen.

»Wissen Sie, Herr S., es interessiert mich nicht, wie Sie das Geld mit der KV verschachern. Ich bezahle jeden Monat an die TK meinen Beitrag. Ihr Haus hat einen Entschluss zu Off-Label-Medikamenten gebilligt, den ich hier zu Hause habe. In Berlin hat die Barmer schon so eine Geschichte durchgezogen, um Kombinationstherapien für Krebskranke nicht bezahlen zu müssen. Das verstehe ich aus Kassensicht noch, denn die sterben dann. MSler werden aber nur immer teurer ohne Medikamente, aber sie sterben in der Regel nicht.«

»Herr Riepe, regen Sie sich doch nicht so auf! Davon habe ich noch nie gehört! Wir werden eine Lösung finden.« Ich roch Morgenluft. Meine letzte Polemik hatte ihr Ziel genau getroffen.

»Davon haben Sie noch nie gehört? Das gibt's doch wohl nicht! Sie kennen also Ihre eigenen Richtlinien nicht und wissen nicht, was für patientenfeindliche Entscheidungen getroffen werden?«

»Herr Riepe, ich ...«

»Wissen Sie was? Die Presse ist im Moment total heiß auf solche Storys! Ich werde ...«

»Herr Riepe, ich werde mich umgehend im Hause erkundigen und rufe Sie heute Nachmittag zurück.«

Ha, dem hatte ich es aber gegeben. Mir war allerdings völlig klar, dass die Entpersonifizierung durch das System in einem undurchsichtigen Geflecht mehrerer – aus meiner Sicht – reiner Geldvernichtungsunternehmen dazuführen würde, dass ich nicht gewinnen konnte. Außer man bekam Angst vor schlechter Publicity. Ich brauchte schnell einen Plan, bevor sich Herr S. wieder meldete. Es musste etwas Spektakuläres sein. So saß ich in meinem Büro und dann kam mir das Plattencover von *Rage Against the Machine* in den Sinn. Ein Mönch, der sich mit Benzin übergossen hatte und in Flammen aufging. Das Bild ging um die Welt. Nein! Natürlich wollte ich kein Suizidspektakel veranstalten. Das wäre auch etwas zu viel des Guten gewesen. Dann hatte ich es: Ich würde einen Selbstmordversuch mit dem Rollstuhl die vier Treppenstufen hinunter zum ManikĂĽreraum der TK vortäuschen. Kurz entschlossen sagte ich meinem Chef, dass ich zur TK müsste, und fuhr nach Hause. Ich packte meinen Rollstuhl ins Auto und fuhr zur Geschäftsstelle der TK. Hoffentlich war Herr S. noch für mich zuständig und nicht ein neuer Sachbearbeiter in Düsseldorf, Hannover oder Minden. Um die Versicherten vollständig abzuwimmeln, hatten sich die Krankenkassen ja eine blendende Taktik einfallen lassen. Die Sachbearbeiter wechselten ständig die Buchstabenbereiche. Als Krönung der Verwirrungstaktik wechselten auch die Telefonnummern. Aber ich war ja gleich persönlich da und Herr S. würde mir nicht entkommen. Ich war in der Schule schon an Auftritten in der Aula beteiligt und meine beste Nummer war die eines Betrunkenen, wobei ich *Streets of London* sang. Besoffen ist ungefähr so wie Hirnschaden, also würde ich das Ding schon schaukeln.

Da stand ich nun mit dem Rolli vor der »Heiligen Halle« der TK. Es war ein riesiges Großraumbüro, in dem rings um einen nicht genutzten Hohlraum Schreibtische angeordnet waren. Ich nannte diesen Raum auch Maniküreraum, da 95 Prozent der Sachbearbeiter weiblich waren und die einzige Beschäftigung, die sie nicht in vollständige Lethargie verfallen ließ, das Fingernägellackieren und -feilen war. Es war ruhig im Rund. Totale Stille. Niemand hatte mich am Treppenabsatz zur tiefer gelegenen Halle bemerkt. Dann plötzlich wurde die gespenstische Stille von dem schrillen Klingeln eines Telefons zerschnitten. Gleichzeitig griffen alle zum Telefonhörer, um die öde Warterei auf den Feierabend zu unterbrechen. Der junge Herr, ganz rechts in der Ecke, gewann das Rennen um den Anruf, da die Damen mit den frisch lackierten Fingernägeln nicht schnell genug zugreifen konnten. Jetzt kam mein Auftritt.

»Hallo! Haaaaaallo!!«, schrie ich in den Maniküreraum. In diesem Moment bekam ich leichte Gewissensbisse. Man ruft ja auch nicht in eine Legebatterie hinein, in der dann gleich dutzende Hühner tot von der Stange fallen. Aber ich hatte Glück. Niemand hatte sich mit Schere oder Feile ernsthaft verletzt. Die mir am nächsten sitzende Dame reagierte als einzige auf mich, während die anderen mit den verpfuschten Fingernägeln beschäftigt waren.

»Was kann ich für Sie tun?« Ich ließ meinen Kopf leicht rechts geneigt hängen und versuchte, einen dünnen Faden Speichel aus dem Mund rinnen zu lassen, als ich mit betont zittriger Stimme antwortete: »Wie komme ich hier runter?«

»Neben Ihnen! Rechts ist die Plattform für Rollstuhlfahrer.« Mit leiser Stimme fügte sie hinzu: »Ich weiß aber nicht, wie das Ding funktioniert. Ich bin noch nicht so lange hier.«

Ich saß da und sabberte auf den Boden. Für die nette junge Dame war die Sache damit erledigt. Ohne mich zu beachten, ging sie zurück zu ihrem Schreibtisch. Es regte sich nichts im weiten Rund. Der einzige Anruf der letzten Minuten war beendet. Man hörte vereinzelt das Klicken von Computertastaturen. Ansonsten Ruhe.

Ich setzte langsam mit dem Rolli ein paar Meter zurück. In den weit aufgerissenen Augen der Sachbearbeiterin mit rötlichem Haar und Sommersprossen im Gesicht glaubte ich, meine Absicht ablesen zu können.

Dann rief ich: »Ich bin der Riepe und wer von euch ist Herr S.? Wenn nicht sofort einer die Behindertenplattform bedient, fahre ich die Treppe so runter!« Die Ankündigung löste zumindest ein gewisses Maß an Erstaunen in den Gesichtern aus. Die junge Frau mit den Sommersprossen griff zum Telefon und rief jemanden an. Trotzdem musste ich meiner Aktion noch ein wenig Nachdruck verleihen.

»Na gut! Ihr wollt es ja nicht anders!«, rief ich sabbernd und griff an die Antriebsräder des Rollis. Ich holte Schwung und bewegte mich mit Volldampf auf die Treppe zu. Jetzt ging alles ganz schnell. Der junge Mann rechts, der eben noch telefoniert hatte, sprang von seinem Schreibtischstuhl auf und rannte zur Treppe. Zum Glück war er schneller zu Fuß als ich im Rolli. So erwischte er mich 50 Zentimeter vor dem ersten Treppenabsatz und hielt mich mit beiden Armen am Vorbau meines Rollis fest. In diesem Augenblick öffnete sich links von mir die Fahrstuhltür und Herr S. trat heraus.

»Herr Riepe! Kommen Sie doch bitte mit in den Raum nebenan. Darf ich Sie schieben?« Er griff, ohne meine Antwort abzuwarten, an die Schiebegriffe des Rollis und schob mich weg. Mittlerweile waren auch andere Kunden in der »Heiligen Halle«. Voller Scham riskierten sie ab und zu einen Blick zu mir herüber. Der junge Mann, der mich aufgehalten hatte, stand immer noch völlig fertig da. Kurz bevor ich aus dem Blickfeld der Anwesenden verschwand, blinzelte ich noch der Rothaarigen mit den Sommersprossen zu. Erstaunt warf sie mir einen letzten Blick zu. In einem kleinen Nebenraum angekommen, entschuldigte sich Herr S. knapp und sagte, er komme gleich wieder, ich solle hier warten. Als er raus war, kam die Rothaarige herein und fragte lächelnd, ob ich einen Kaffee oder etwas anderes zu trinken mochte. Ich bekam, da ich mich jetzt ertappt sah, einen knallroten Kopf und antwortete mit flehendem Blick: »Kaffee wäre super, danke. Und auch so, vielen Dank noch mal!«

Sie verstand mich sofort und antwortete immer noch lächelnd: »Ist schon o. k.«

Nach zwei Tassen Kaffee kam endlich Herr S. wieder. Er hatte ein Blatt Papier in der Hand. Ich hatte gesiegt und so wischte ich mir den Mund ab, lauschte den Worten, mit denen er mir die schriftliche Bestätigung für die Kostenübernahme von Cortison und der Begleitmedikation durch die TK übergab. Sein Vortrag endete mit:

»Sie sollten aber mit niemandem darüber sprechen, Herr Riepe! Wir haben nur für Sie diese Ausnahme gemacht. O. k.?«

»Natürlich werde ich mit niemandem darüber reden. Sie können die ganze Geschichte morgen im Internet nachlesen. Und tschüss!«

# Das Wasser-Volleyballspiel

Das Wasser-Volleyballspiel erfreute sich unter den sportlich motivierten Reha-Teilnehmern in der Klinik der allergrößten Beliebtheit. Die Klinik steht in einem pittoresken kleinen Städtchen namens Bad Laasphe an der Grenze Nordrhein-Westfalens zu Hessen im Siegen-Wittgensteiner Land. Etwa 600 Meter über dem Meeresspiegel thront das Schloss Wittgenstein, heute zu einem Internat für Kinder Betuchter, die sich den Ausstieg aus dem staatlichen Bildungssystem leisten können, umfunktioniert. Direkt unterhalb des Schlosses befindet sich die Klinik mit einem malerischen Blick auf das verträumte Städtchen im Tal. Von allen Seiten umringen Berge, die wie Kamelhöcker anmuten, den Ort. In den späten Herbsttagen steigt morgens der Bodennebel langsam auf und gibt erst mittags den Blick auf die Stadt preis. Da atmet die Seele auf und in zufriedener Entspannung beobachtet man das Treiben der Natur mit den vom satten Sonnenlicht angestrahlten Laubbäumen, die in den buntesten Farben das Ende des Sommers bezeugen.

Ob dieser Labsal für die Seele der Patienten der Grund für den Standort der Neurologischen Fachklinik auf dem Gipfel eines Berges mit einer Zufahrtstraße von 17 Prozent Steigung war? Sicher nicht. Da muss es andere Gründe geben. Vom Seitenflügel, wo die Zimmer allesamt Balkone haben, kann man direkt auf den Kurpark schauen. Er liegt auf der anderen Seite der Stadt an den Hängen des nächsten Berges.

Sehr vielen Patienten bleibt tatsächlich nur der Blick auf den Kurpark – für die Geheingeschränkten scheint er unerreichbar. Es ist schon merkwürdig, dass mobilitätseingeschränkte Menschen zur Rehabilitation auf einen Berg geschickt werden, von dem sie nicht selbstständig wieder herunterkommen. Der Kurpark hat nur Ausstellungscharakter oder war er etwa doch für die Anwohner gedacht?

Die Anwohner. Tja, wer möchte schon mit zappelnden, wie eine Invasion von Zombies wirkenden »Parkis« mit Maskengesichtern konfrontiert werden? Mal ganz zu schweigen von den wie betrunken schunkelnden MSlern, die widerwillig den Gebrauch von Gehstöcken verweigern, und natürlich den Rollstuhlfahrern. Wer möchte schon jeden Tag sehen, was die Lotterie des Lebens für jedermann bereithält?

Doch zurück zum Thema. Auch aus therapeutischer Sicht verband der Wasserspaß Freude an der Bewegung mit Gleichgewichts- und Körperkoordinationübungen. Als ich über die Durchsage in der Klinik die Ankündigung des Wasser-Volleyballspiels unter therapeutischer Aufsicht hörte, hatte ich die Vorstellung, man würde auch einen Volleyball benutzen.

In der Schule spielte ich in der Volleyball-Schulmannschaft, die gegen die Lehrer jedoch regelmäßig ziemlich alt aussah. Das Spiel war mir jedenfalls nicht fremd, und ich freute mich schon auf die Veranstaltung. Nach zwei Tagen Langeweile mit Aufnahmegesprächen und öden Untersuchungen war dies endlich was für mich, etwas, was mich richtig forderte, stellte ich mir zumindest vor.

Vergnügt schlüpfte ich in meine Badehose, warf meinen Bademantel über und ging die Treppen zum Schwimmbad hinunter. Eines meiner Reha-Ziele war, niemals den Aufzug zu benutzen. Pfeifend lief ich durch die Klinik. Etwa auf der Mitte der Wegstrecke fiel mir auf, dass ich sowohl Schwimmbrille als auch alle anderen Badeaccessoires vergessen hatte. Also, was man nicht im Kopf hat, muss man halt in den Beinen haben. Zurück im Zimmer angekommen, überlegte ich kurz, ob ich meinen Stock mitnehmen sollte, nur prophylaktisch versteht sich. Ich nahm also Stock und Schwimmbrille sowie eine Tasche mit allen anderen benötigten Utensilien, wie frische Wäsche, Duschgel, Badetuch,

Schuhe und so weiter, mit. Bepackt wie ein Muli war ich nun nicht mehr ganz so behände beim Abstieg über die Treppe. Außerdem drohte ich zu spät zur Veranstaltung zu kommen und das ausgerechnet beim ersten Mal. Ich pfiff aus dem letzten Loch, als ich in die Schwimmhalle trat. Nun noch schnell unter die Dusche und dann konnte der Spaß losgehen.

Den glitschigen Hallenboden meisterte ich souverän. An der Treppe ins Wasserbecken standen alle nur erdenklichen Arten von Hilfsmitteln. Es sah aus, wie ein Stand auf der Reha-Care. Da war ich mit meinem Stock, den ich lässig auf der Wärmebank ablegte, eher kärglich ausgestattet. Sozusagen praktisch nackig, also ohne Hilfsmittel, schlenderte ich zum Beckenrand, um mit einem gekonnten Kopfsprung ins warme Nass zu gleiten. Ich durchmaß das kurze Becken unter Wasser mit ein paar kräftigen Arm- und Beinzügen und blieb auf der gegenüberliegenden Seite am Beckenrand stehen.

›Das Wasser ist wirklich sehr warm‹, dachte ich, als ich das Thermometer bei 33 Grad Celsius ausmachte. Puh, mir stand der Schweiß jetzt schon auf der Stirn. Trotzdem setzte ich die Schwimmbrille auf und startete mein für Sportler übliches Aufwärmprogramm. Locker 20 Bahnen zum Muskeln Anheizen und dann konnten die Gegner kommen. Nach der Hälfte der angepeilten Strecke wurde ich schon merklich langsamer und meine Beine gaben den Geist auf.

Zum Glück pfiff mich der Therapeut ab und fragte mich, ob ich nicht beim Spiel mitmachen wollte. »Selbstverständlich«, entgegnete ich und unterbrach mein Aufwärmprogramm. Jetzt erst sah ich, dass eine Schnur quer über das Becken gespannt war. ›Haben die nicht einmal anständige Netze?‹, dachte ich. Dann wurde der Ball ins Wasser geworfen. Es handelte sich um einen Wasserball, den man am Strand zum Spielen mit Kleinkindern verwendet.

›Wo bleibt der Volleyball? Soll die Veranstaltung tatsächlich mit einem Nivea-Ball starten?‹, überlegte ich zweifelnd. Jetzt wurden aber erst einmal die Mannschaften aufgestellt. Drei Spieler vorne am Netz und drei im Rückraum, um optimale Raumaufteilung zu erzielen, schlug ich vor.

Die Mimik der meisten Spieler verhieß nichts Gutes, man schaute mich mit merkwürdig verständnislosem Blick an. Als sich die Mannschaften formiert hatten, wurde der Ball im hohen Bogen ins Spiel geworfen. Zuerst konzentrierte sich das Spiel vollständig auf die linke Spielhälfte, wo man sich den Ball gegenseitig zustupste. Das Spiel ließ sehr an Dynamik vermissen. Ich belegte die rechte Außenposition im Rückraum, während vor mir ein Spieler, etwa Mitte vierzig mit leicht schütterem Haar, gebannt dem Ball in der linken Spielhälfte hinterher sah. Was sich dann abspielte, war eine große Ernüchterung für mich.

Die Geschwindigkeit, in der gespielt wurde, ähnelte mehr einem Schachspiel und die Trefferquote auf den 50 Zentimeter durchmessenden Ball war erschreckend. Besonders bei der gegnerischen Mannschaft schien mir doch einiges nicht rund zu laufen. Nach einigen Minuten Spielzeit war ich gerade einmal an den Ball gekommen und der war vom Gegner noch ins Aus gespielt worden. Der Ball flog so langsam, den musste man doch treffen. Der Gegenspieler meines Vordermannes war offensichtlich völlig unkonzentriert, denn es passierte mehrmals, dass der Ball vor ihm aufs Wasser platschte, bevor er auch nur die Arme aus demselben gehoben hatte.

Im ersten Satz, jeder Satz wurde bis zu zehn Punkten gespielt, versuchte ich also einmal vergeblich an den Ball zu kommen und durfte einen Aufschlag ausführen. Ich fühlte mich immer mehr fehl am Platze und beschloss, im zweiten Satz richtig ins Spiel einzugreifen, um dem Ganzen die verdiente sportliche Note zu verpassen. Nachdem sich auch dieser langsam der Entscheidung näherte, hatte ich noch keine Gelegenheit gehabt, mein Können unter Beweis zustellen. Es stand neun zu neun.

Mein Augenblick war gekommen. Der Ball, der im hohen Bogen fast bis unter das Hallendach flog und auf mich zukam, war wie geschaffen für die Demonstration der hohen Volleyballschule. Ich ruderte in Richtung Mitte des Spielfeldes, wo die Position gerade nicht besetzt war. Meine ganze Konzentration war auf den Ball gerichtet, als ich mich aus dem Wasser in die Luft schraubte, um einen möglichst hohen Treffpunkt zu erzielen. Geschmeidig bog ich mich zur Steigerung der Schlaggeschwindigkeit weit ins Hohlkreuz.

Mein Gegner auf der anderen Seite hatte noch nicht einmal den Kopf wieder aus Richtung linker Spielhälfte in die richtige Position gebracht, als ich durchlud und den Ball am günstigsten Punkt über dem Netz mit voller Wucht traf. Die nächsten Augenblicke liefen vor meinen Augen wie in Zeitlupe ab. Als mein Arm beim Treffpunkt des Balles nach vorn schnellte, konnte ich das Knacken im unteren Lendenwirbelbereich deutlich hören. Bei der Streckung aus dem Hohlkreuz traf mich zusätzlich ein stechender Schmerz in der gesamten rechten Körperhälfte. Noch in der Luft und den Triumph vor Augen wurde dieser mit bunten Sternchen vor Augen verwässert. Der Schmerz war unerbittlich und forderte von meinem geschundenen Körper den verdienten Tribut.

In der Schlagposition erstarrt, sank ich mit Schmerz verzerrtem Gesicht und kurz vor der Ohnmacht wie ein Sack Sülze zurück ins Wasser.

Der Ball, den ich in weiser Voraussicht – ich nahm an, dass mein Gegenspieler seine Position zum Blocken verlassen würde – auf die vermeintlich freie rechte Seite schoss, traf diesen jedoch mit voller Wucht am Kopf. Zu diesem Zeitpunkt hatte er ihn nämlich noch nicht auf den Ball ausgerichtet. Er bekam ihn frontal in die obere Gesichtshälfte. Die Brille hing schief im Gesicht, als der Ball in der Spielhälfte meiner Mannschaft zum Sieg der anderen hinter mir im Wasser aufschlug. Neun zu zehn, auch den zweiten Satz verloren. Der überwältigende Applaus für die grandiose Abwehrleistung galt meinem Gegenspieler, der sein Gesicht zu einem ganz zarten Lächeln verzog.

Ich war gerade erst wieder aufgetaucht, der Schmerz war heftig. Das Spielergebnis verlor in meinem Bewusstsein etwas an Stellenwert, da ich mehr damit zu tun hatte, nicht in dem ein Meter und zehn tiefen Becken zu ertrinken. Als mein bedauernswerter Zustand den Mitspielern auffiel, kümmerte man sich rührend um mich.

Nur von zwei starken Männern gestützt, konnte ich das Wasser verlassen. Ein Mitspieler stellte seinen Rolli zur Verfügung, damit ein anderer mich wieder auf mein Zimmer verfrachten konnte. Ich saß wie ein Häufchen Elend im Rolli vor der Schwimmhallentür, während ich auf den Mitspieler, der mich nach oben schieben wollte, wartete. Selbst war ich dazu nicht mehr in der Lage.

Da kam mein Gegenspieler an mir vorbei. Er hatte ganz rote Druckstellen von der Brille, die sich beim Aufprall des Balles tief ins Gesicht eingedrückt hatte. »Na, geht's wieder?«, fragte er mit einem milden Lächeln und sehr langsam sprechend.

»Schon o. k.«, antwortete ich kleinlaut und entschuldigte mich für die rüde Attacke beim Spiel.

»Ich bin halt schon sehr verlangsamt«, sagte er wie zur Entschuldigung.

Trotz meiner Schmerzen waren alle Gedanken bei meiner peinlichen Vorstellung in der Schwimmhalle. Ich fühlte mich blamiert bis auf die Knochen. Nun war auch mein persönlicher Rolldienst mit Duschen und Anziehen fertig, um mich aufs Zimmer zu bringen.

»Mann, dem ›Parki‹ hast du aber ganz schön einen verpasst«, kam er lächelnd auf mich zu.

»›Parki‹, was ist ein ›Parki‹?«, fragte ich stumpf.

Dann klärte mich Bernd, wie mein Rolldienst hieß, auf. Die überwiegende Anzahl der Mitspieler waren Parkinson-Erkrankte, die mit starker Steifigkeit der Muskulatur zu kämpfen hatten. Eine schnelle Reaktion war also gar nicht möglich. Jetzt war mir die Peinlichkeit der Situation noch bewusster und ich hätte mich am liebsten aus der Klinik weggewünscht. Meine gerechte Strafe hatte ich ja erhalten. Als wir den Fahrstuhl, den ich nie benutzen wollte, betraten, fühlte ich mich endgültig in der Reha angekommen. Für den Rest der Zeit würde ich nur noch den Aufzug benutzen und beim Wasservolleyball stupste ich vergnügt mit. Meine schwere Zerrung im Rücken und meine Blockade in der Lendenwirbelsäule wurden erfolgreich behandelt und man sprach noch lange von dem denkwürdigen Spiel, bei dem die bessere Mannschaft gewann, aber das spielte eigentlich keine Rolle.

# Der jamaikanische Pizzabote

Es war eines dieser langweiligen Wochenenden im Klinikalltag. Ein Blick aus dem Fenster ins Tal verhieß nichts Gutes für heute. Die Wolken hingen grau und düster über den Bergkuppen. Um elf Uhr stand wie jeden Samstag Wasservolleyball auf dem Programm. Ich war bereit für den Event des Tages und bereitete alles vor, um teilzunehmen. Die Schwestern hatten nach langen Diskussionen und Überprüfung der dünnen Personaldecke befunden, dass sie mich nach dem Badespaß außer der Reihe duschen und anziehen würden.

Beim Frühstück deutete sich derweil nur eine geringe Teilnehmerzahl für das Wasservolleyballspiel an. Wir waren letztendlich drei Spieler, was einem als Einzelkämpfer auf der ganzen Breite des Spielfeldes alles abverlangte. Spaß hatten wir trotzdem und der Full-Service durch das Schwesternteam klappte auch perfekt. Das warme Wasser hatte mir erwartungsgemäß alle Lebensgeister aus dem Körper gesaugt. Ich war total kaputt, aber zufrieden, als ich frisch eingecremt zum Kaffeeautomaten fuhr. Auf dem Weg dorthin traf ich K., einen Dauergast im Hause. Bei einer Tasse Kaffee beschlossen wir, am Abend die Eintönigkeit des wolkenverhangenen Tages mit einem leckeren Essen vom Chinesen und einer DVD als Nachtisch doch noch zu einem strahlenden Abschluss zu bringen. Der Rest des Tages, unterbrochen vom immer gleichen Mittagessen, wurde durch ausgiebiges Ruhen und ein wenig Lesen bestimmt.

Pünktlich um 18.30 Uhr fuhr ich zu K.s zwölf Quadratmeter Suite ins Nebengebäude, wo die Dauergäste aufbewahrt werden. Die Gänge in diesem Trakt waren so verschachtelt, dass hier keiner der Insassen wieder herausfände, selbst wenn es die körperlichen Möglichkeiten zulassen würden. Unterschiedliche Wandfarben markierten die einzelnen Abteilungen. Es war immer etwas beklemmend für mich, hier herunterzufahren. Eigentlich war der Bereich der Dauerpflege im Zuge der Renovierungsarbeiten ganz schön geworden, doch der Charakter blieb. Dreimal wechselten die Farben der Gänge, bevor ich zum Gang, in dem K. wohnte, kam. An den Türen hingen aus Holz gebastelte Namenstafeln. Aber auch dieser Versuch, ein bisschen Normalität und Menschenwürde auf der Pflegestation zu erzeugen, konnte mir das bedrückende Gefühl, das sich wie ein Zentner schwerer Findling auf meine Brust legte, nicht nehmen. Obwohl dieser Bereich nicht einmal die Spitze des Leidens war. Unter diesem Teil gab es noch eine Abteilung, für die ich noch nicht bereit war. Teilweise standen die Türen der Zimmer offen. Ich roch die Körperpflege aus den Zimmern. Der Geruch zog durch den gesamten Wohnbereich. Urin- und Fäkalgeruch siegte über die Ausdünstungen von Desinfektions- und Pflegemitteln. Ein unverwechselbares Gemisch zog in meine Nase. Ein Gemisch, das ich nie wieder vergessen würde. Beim Vorbeifahren an den Wohnungen wagte ich dort immer einen kurzen Blick hinein. Das in Krankenanstalten übliche Mit-dem-Klopfen-Eintreten erübrigte sich hier. Als ich um die letzte Ecke des Labyrinths bog, öffnete sich K.s Zimmertür automatisch. Er erkannte mich am Klang meines E-Rollstuhls auf 50 Meter Entfernung. K. hatte Muskeldystrophie und war bis auf die Finger beider Hände komplett gelähmt. Trotzdem war er noch in der Lage, selbstständig zu essen. Seine Fingerfertigkeit war begeisternd.

»Komm rein!«, rief er. Das Zimmer hatte einen kurzen flurartigen Eingang, in dem sich gleich rechts die Schiebetür zum Bad befand. Wie in einem Krankenzimmer gab es keine Möglichkeit, das Bad abzuschließen.

»Na, wie sieht's aus, Alter?«, begrüßte ich K., der mit seinem Rolli vor dem Computertisch rechts hinten an der Wand saß. Geradeaus vor dem Fenster befand sich ein kleiner Tisch und links eine Wohnzimmerschrankwand in Buchedekor. Gleich rechts hinter dem kleinen Flur stand das Pflegebett, mit Lifter unter der Decke, um K. aus dem Rolli ins Bett zu heben. Daneben noch ein kleiner Nachttisch, auf dem die Notklingel baumelte, und das war es. Zwölf Quadratmeter Lebensraum. »Wie groß ist eigentlich eine Zelle im Strafvollzug?« Lebenslänglich. Wir hatten großen Hunger und so suchten wir ohne Umschweife unser Wunschessen aus der Karte vom Chinesen aus. K. hatte auch noch eine Flasche Rotwein, die wir zum Essen köpfen wollten. Ein netter Pfleger besorgte uns Gläser und richtete den kleinen Tisch am Fenster so her, dass wir mit zwei Rollis bequem daran essen konnten. Das Schwierigste war das Heranfahren an den Tisch. Mit zwei Rollstühlen in dem kleinen Zimmer klarzukommen, verlangte mir meine gesamte Fahrkunst ab. Zum Glück hatte ich alle Rollifahrer-Weihen. Von K.s famoser Fahrtechnik konnte ich trotzdem nur träumen.

Nach einigem Rangieren war es soweit. Das Essen war da und der Duft der köstlichen asiatischen Speisen stieg in unsere Nasen. K. gönnte sich *King Prawns süßsauer* und ich genoss *Acht Kostbarkeiten mit gebratenen Nudeln*. Wie immer zogen wir im Kampf gegen die Mengen chinesischen Essens den Kürzeren und es wanderte einiges in den Müll. Der Pfleger räumte uns noch den Tisch ab und stellte ihn zurück an die Fensterfront. So konnten wir mit einem Glas Wein, zufrieden und sehr satt, unseren Platz vorm Fernseher einnehmen.

Nach ein paar Minuten Rollstuhlballett hatten wir die Positionen bezogen. *Thursday* hieß der Film, den K. aus der von meinem Neffen zusammengestellten DVD-Sammlung fürs Heim ausgesucht hatte. Ich steckte mir noch das Headset für mein Handy ans Ohr, denn Manu wollte anrufen, und dann ging es los. Die Story begann sehr schleppend: Ein ehemaliger Gangster, der nun einen redlichen Beruf – er ist Architekt – und eine liebe Frau hat, trifft auf seinen alten Kumpel, der ihm etwas Rauschgift in die Wohnung geschleppt hat. Die Handlung nimmt ihren scheinbar vorhersehbaren Verlauf, als plötzlich ein jamaikanischer Pizzabote an der Wohnungstür des geläuterten Architekten klingelt. Der Mann hat aber gar keine Pizza bestellt. Plötzlich und vor allem für mich völlig unerwartet reißt der jamaikanische Pizzabote eine 45er aus der Tasche und bedroht damit den Architekten. In diesem Moment erschrak ich derart, dass ich den linken Arm blitzartig hochriss. Das Rotweinglas entleerte sich in hohem Bogen auf meine neue Cordhose, die ich heute das erste Mal anhatte. Vom Schock erholt, fluchte ich, dass sich die Balken bogen. Ich konnte es nicht fassen, dass ich mir vor Schreck die ganze Hose versaut hatte. K. blieb relativ unberührt von meinem Schicksal und schaute unbeirrt den Film weiter.

Ich bockte mich jetzt aus dem Rolli und hangelte mich die zwei Meter an der Wand entlang zum Bad. K. beobachtete meine Turneinlage aus den Augenwinkeln, während meine Beine den Dienst nahezu versagten und ich mich über den Boden schleifend Zentimeter für Zentimeter ins Bad bewegte. Warum ich nicht durch erneutes, geschicktes Rangieren mit K. den Rolli benutzte, um ins Bad zu kommen, weiß ich nicht mehr. Wut und Dickkopf wahrscheinlich. Als ich endlich mit nasser Hose wieder zurück vor dem Fernseher saß, hing gerade der jamaikanische Pizzabote an einem Seil, geknebelt unter einer Garagendecke. Als der Architekt ihm eindringlich vermittelte, ruhig zu sein, weil er ihm sonst mit der Gartenschere die Finger abknipsen würde, da gerade ein Gutachter vom Sozialamt die Familienbedingungen und den Lebenswandel für die lang ersehnte Adoption eines Kindes prüfen sollte, bekam die DVD plötzlich Aussetzer. Es entstand zuerst ein Standbild, dann setzte der Film ein paar Sequenzen weiter wieder ein. Auf Dauer wurde es etwas nervig. K. spulte immer hin und her, als wenn es etwas helfen könnte. Das Handling der Fernbedienung war für ihn sehr schwer, da er ja nur noch die Fingerkuppen bewegen konnte. Ich hatte langsam keinen Spaß mehr an seiner Fingerfertigkeit. Meine Hilfe lehnte er aber dankend ab und so sah ich die Szene mit dem Pizzaboten in der Garage mindestens zehn Mal. Mittlerweile lief die DVD überhaupt nicht mehr richtig.

Nach einem weiteren verzweifelten Versuch blieb die DVD an einer Stelle stehen, an der in der Wohnung des Architekten das Telefon muhte. Es hatte die Form einer auf dem Hintern sitzenden, frontal lächelnden Milchkuh. »Muhhh!« Es nervte immer mehr, dass die DVD ausgerechnet an dieser Stelle ständig aussetzte. Mein Telefon klingelte gerade, als es wieder einmal muhte. Manu rief an. Ich erzählte von dem Missgeschick mit dem Rotwein, weil mich der Pizzabote so erschreckt hatte. Im Fernseher muhte es immer noch, als Manu mit belegter Stimme fragte: »Euch hat im Heim ein jamaikanischer Pizzabote mit einer Handfeuerwaffe überfallen?«

»Nein, doch nicht uns! Den Typen in dem Film, den wir gerade gucken«, entgegnete ich.

K. bekam nicht mit, dass ich telefonierte, und fühlte sich andauernd angesprochen, was die Unterhaltung mit Manu noch verwirrender machte. Ich deutete immer wieder auf meine linke Ohrmuschel, aber K. widmete seine ganze Konzentration dem Kampf mit der DVD, der Fernbedienung und seinen unbrauchbaren Fingern.

»Ich telefoniere«, antwortete ich, als K. mir zu verstehen gab, er könne mir in dem, was ich von mir gäbe, nicht folgen.

»Was? Und wieso muht es eigentlich ständig im Hintergrund? Seid ihr da auf einem Bauernhof?«, schaltete sich Manu wieder in die konfuse Unterhaltung ein.

»Nein, das ist auf der DVD, das Kuhtelefon, genauso wie der Pizzabote«, entgegnete ich.

»Du willst die Szene mit dem Pizzaboten noch mal sehen?«, fragte K. erstaunt.

Ich musste nun ein Gespräch beenden, um nicht dem Wahnsinn anheimzufallen. So verabschiedete ich Manu, wobei ich ihr nochmals versicherte, dass uns nichts Böses zugestoßen sei. Als jetzt im Fernseher wieder der Pizzabote unter der Decke hing, schritt ich ein und bat K. sehr bestimmt um die Fernbedienung. Er war fest davon überzeugt, dass die DVD nicht in Ordnung sei. Der DVD Player war sein ganzer Stolz. Er hatte ihn für 39,99 Euro im Saturn erstanden. Ein halbes Monatseinkommen im Leben eines Heimbewohners. Das konnte nicht sein. Der konnte doch nicht defekt sein! Ein letztes Mal versuchte er, durch Betätigen irgendwelcher Knöpfe auf der Fernbedienung dem Film wieder laufende Bilder einzuhauchen. Vergebens. Als er mir nun endlich die Fernbedienung geben wollte, fiel sie ihm herunter, wobei sie gegen die Schrankwand schlug und unter seinem Rolli verschwand. Der Fernseher muhte weiter vor sich hin.

»Kein Problem, ich hebe sie wieder auf«, kam es wie selbstverständlich aus meinem Mund.

»Bist du sicher, dass du wieder hoch kommst?«

»Klar, Mann, ich habe monatelang Aufstehen nach der Feldenkrais-Methode geübt.«

Für die nicht Eingeweihten: Feldenkrais war ein israelischer Physiker, der seine physikalischen Kenntnisse der Kinetik einfach mal auf den menschlichen Körper übertragen hat. Nebenbei entwickelte er Raketen für die israelische Armee. Also perfekte Voraussetzungen, um behinderte Menschen zu heilen.

»Soll ich nicht doch besser die Schwestern anklingeln?«, fragte K. skeptisch.

»Das ist doch nicht nötig, K. Pass auf, ich zeige es dir.«

Wie eine Gazelle schwang ich mich aus dem Rollstuhl und wurde durch die Schwerkraft noch in der Luft von einer Gazelle in einen Kartoffelsack verwandelt, der unsanft auf dem Boden aufschlug. Ich robbte mit schmerzenden Knien den einen Meter zu K.s Rolli und erwischte auf Anhieb die Fernbedienung unter ihm. Lächelnd legte ich die Fernbedienung auf sein Knie.

»Und jetzt nur noch aufstehen.«

K. setzte sofort seine Bemühungen fort, den Film zum Laufen zu bringen, als mir bewusst wurde, dass Herr Feldenkrais nichts von Zimmern im Pflegeheim verstand, sonst hätte er sich sicherlich eine weniger raumgreifende Methode des Aufstehens ausgedacht. Noch am Nachmittag hatte ich T. im Gruppenraum auf einer Gymnastikmatte eine Vorführung meiner Aufstehkunst gegeben. Sie hatte nicht geglaubt, dass ich in meinem Zustand tatsächlich locker vom Boden in den Stand kommen könnte. Mein männliches Balzverhalten hatte nachmittags schon sehr viel von meinen beschränkten Energien gefordert, was die Situation – auf dem Boden liegend in K.s Zimmer – nicht unbedingt verbesserte. Es war so eng zwischen Rollstühlen und Schrankwand, dass meine Schwungtechnik mich in der Glasvitrine hätte einschlagen lassen. Die kümmerlichen Bemühungen, mich am Rollstuhl hochzuziehen, scheiterten erst einmal. K. wandte sich kurz von der Fernbedienung ab und meinte, wir sollten die Schwestern anklingeln. Das war doch eine blendende Idee, der ich zustimmte. Mein eigentlich unbeugsamer Wille schwand langsam.

»Wo ist denn dein Klingelknopf?«

»Am Nachttisch.«

»K.?«

»Ja, Dirk?«

»Ich stehe mit dem Rollstuhl vor dem Nachtschrank.«

»Oh.«

»K., könntest du einen kleinen Moment aufhören mit der Fernbedienung rumzuspielen und dich darauf konzentrieren, wie ich wieder in den Rolli komme?«

»Hm.«

»K., bitte!«

»Klingel doch einfach.«

Endlich ließ K. von der DVD-Fernbedienung ab. Das Telefon muhte und wir stellten fest, dass wir keine Möglichkeit hatten, an den Notknopf zu kommen. K.s Idee, die Tür per Fernbedienung zu öffnen und zum Schwesternzimmer zu fahren, um Hilfe zu holen, musste scheitern. Diese Fernbedienung lag unerreichbar auf dem Nachttischchen. Eine scheinbar aussichtslose

Situation. K. begann, wieder die DVD-Fernbedienung zu malträtieren. Ich lag auf dem harten PVC-Boden und wischte mir noch den Schweiß vom letzten Aufstehversuch ab.

»Wir warten, bis die Nachtschwester mich ins Bett bringen will, Dirk.«

»Wann kommt die denn?«

»Weiß nicht. Ich klingle immer. Wir können auch rufen.«

»Das ist ja beruhigend. Es ist erst halb neun.«

»Wie laut soll ich denn schreien? Das Schwesternzimmer ist eine Abteilung tiefer.«

»Hm, stimmt!«

Die Konversation mit K. war relativ sinnlos. Nachdem ich etwas Energie getankt hatte, versuchte ich wieder aus eigener Kraft in den Rolli zu kommen. K. riet mir mit der Fernbedienung in der Hand dringend davon ab. Ich verfluchte die *Acht Kostbarkeiten*, die mich noch stärker als ohnehin auf den Boden zogen. Wie ein Ertrinkender am Beckenrand eines Schwimmbades legte ich die Arme auf den Rollisitz und versuchte, mich hochzuziehen. Irgendwie mussten doch die Füße auf den Boden zu bekommen sein. Mit der mir eigenen Willenskraft legte ich alles in den finalen Versuch, den Sitz meines liebevoll »Kapitän Kirk« genannten Rollstuhls zu erklimmen. Meine Schultern knackten wie frisch zertretenes, trockenes Unterholz und Schmerzblitze durchzogen meinen Oberkörper. Meinen modernen Rollstuhl mit Liftfunktion und Recaro-Sitz, mit elektrisch verstellbarer Rückenlehne und Fußteil hätte ich in diesem Moment gern gegen eine etwas niedriger gebaute AOK-Krücke eingetauscht.

Ich schaffte es! »Geht doch«, pfiff es aus mir heraus.

»Nee. Geht doch immer noch nicht, Dirk!«

»K., ich glaube, ich gehe auf mein Zimmer.«

»Wir können gucken, was im Fernsehen kommt. Ich glaube, deine DVD ist kaputt, Dirk.«

# BI vs. AG

***Prolog***

Diese Buchstabenkombinationen charakterisieren zwei relativ große Gruppen in der Gesellschaft, die benachteiligt sind. Jedenfalls hält der Gesetzgeber sie für benachteiligt, denn die Zeichen markieren die Art des so genannten Nachteilsausgleichs. Es handelt sich um das in Fachkreisen sehr beliebte Merkzeichen. Nun sollte man annehmen, diese Gruppen wären untereinander solidarisch. Doch das genaue Gegenteil ist der Fall.

Die Gangs tragen ihre Zugehörigkeit im Gegensatz zu den amerikanischen Gangs aus der Bronx, die marodierend durch Großstädte ziehen, verdeckt in ihren Ausweisen. Aber der Amerikaner an sich ist von seiner inneren Natur eben anders gestrickt als der Europäer an sich. Sicheres Auftreten bei grenzenlosem Selbstbewusstsein, die Weltherrschaft als Gott gegebene Selbstverständlichkeit im Gepäck, tragen die Gangs ihre Insignien für jedermann sichtbar. Und sie werden hart erkämpft. Dazugehören ist nicht so einfach. Man muss sich des Plünderns derer, denen es auf der nach unten offenen Sozialskala eine Stufe besser geht, würdig erweisen. Dazu bedarf es allseits beliebter Mutproben, wie bewaffneter Überfälle oder – im günstigsten Fall – einer Oma die Tasche zu klauen.

Und wenn der Überfall bei der Eintrittsprüfung schiefgeht und der Anwärter dummerweise von der Polizei erschossen wird, dann wird's nichts mit dem Tragen der Lederjacke mit Gangemblem, zumindest nicht in der Öffentlichkeit. Von den hässlichen Einschusslöchern mal ganz zu schweigen.

Was das mit den Behindertenmerkzeichen zu tun hat? Ganz einfach: Die Hürden, in die Behindertengang zu kommen, sind ja ungleich höher, als in den 70ern *The Warriors* beizutreten. Das Hauptproblem besteht darin, dass derjenige, der Zutritt zur Merkzeichen-Gang begehrt, Aufnahmeprüfungen absolvieren muss, die er – wenn er tatsächlich Anspruch auf das Begehrte hat – schon prinzipiell nicht erfüllen kann.

Das ist so, als würde man ein neues Bandenmitglied vor seiner Mutprobe – als besonderes Schmankerl – schon mal lebensgefährlich anschießen. Was wäre das für eine bescheuerte Mutprobe? Auf so eine bekloppte Idee kommen nicht einmal die amerikanischen unterprivilegierten Jugendlichen, die ihre Gang – ihr einziges Refugium – nur Auserwählten zugänglich machen möchten.

Nicht so das deutsche Sozialsystem. Die geforderten Dokumente, mit denen sich überflüssige Sachbearbeiter überflüssigerweise im Überfluss beschäftigen, können in der Regel von den Antragstellern nicht beantragt und schon gar nicht beantwortet werden. Könnten sie das, wieso benötigten sie beispielsweise eine B oder H oder AG oder BI? Sie würden bestimmt nicht darum betteln, zur Randgruppe zu gehören, mit der die »Normalos« aus über Jahrtausende antrainierter christlicher Schuld nicht klarkommen. Zum Glück ist uns der Erfolg einer derart hirnrissigen Opferungsidee nur alle paar tausend Jahre vielleicht beziehungsweise hoffentlich nur einmal beschieden.

Die Jungs aus den Gangs sterben für Ehre, für Treue und ′ne geile Lederjacke. Das ist was! Zumindest ist es ihres.

Die Verwaltungsjungs in den Sozialkassen haben nicht mal die Aufnahmeprüfung in die Mitgliedschaft der Gang abgelegt. Wie kommen die auf die Idee, Aufnahmeregeln zu entwerfen, die sie selbst nicht erfüllen? Neben denen, die ins soziale Netz einzahlen, stehen sie außerhalb und verwalten, was innerhalb ist, gesäugt von der Gang, die sie bei der Aufnahmeprüfung betrügen. Kein Wunder, dass in so eine beschissene Gang niemand will.

***Marburg, die Blindenstadt***

Mein Besuch im schönen Marburg ist eine ganze Weile her. Jeder, den ich vorher gefragt hatte, wie es so sei in Marburg, antwortete: »Schöne Stadt, besonders die Oberstadt, aber nichts für uns.«

»Aha, also nichts für unsereins!«

Das sollte wohl bedeuten: behindertenunfreundlich.

Egal. Ich machte mich mit ein paar anderen »Behindis« auf nach Marburg. Ich wollte meinen »Kapitän-Kirk«-Rollstuhl noch dem Härtetest unterziehen. Die anderen waren alle mehr oder weniger gut auf den Beinen, so nahmen wir uns vor, die Oberstadt quasi von unten, ohne Fahrstuhl, zu erobern. Von der breiten Bundesstraße aus Richtung Siegen kommend, machte das Studentenstädtchen nicht viel her. Als wir schon fast das Zentrum erreicht hatten, sahen wir rechts die Oberstadt mit ihrem an der Spitze thronenden Schloss liegen.

Nun brauchten wir nur noch einen Parkplatz am Fuße des Hügels. Frei nach dem Motto »Schau'n wir mal!« unseres alten Kaisers Franz fuhr ich einfach in eine kleine Nebenstraße. Nach Parklücken Ausschau haltend sah ich ein Hinweisschild auf ein Parkhaus. Die Einfahrt zum Parkhaus war wie der Zugang zu einer Höhle. Man sah lediglich den dunklen Schlund. Hinten im Auto unterhielt man sich angeregt, als ich mit Volldampf die Rampe hinunter zum Parkhaus bretterte. M. hatte zum Glück früh genug mit seinem Einwand, nicht in dieses Parkhaus zu fahren, begonnen. So schaffte er es noch gerade rechtzeitig, die Warnung in halbwegs verständliche Worte zu fassen.

*»Das ist nur 1,80 Meter hoch!«*

M. hatte das Schild schon vor der Einfahrt gesehen. Mir war der nicht unwichtige Hinweis völlig entgangen. Jetzt stand ich etwa zwei Meter vor dem unteren Parkdeck, das aus meiner »Behindi«-Luxuskarosse beinahe ein Cabrio gemacht hätte, und ließ das Hupkonzert der hinter mir Wartenden mit einer Gänsehaut auf den blanken Oberarmen über mich ergehen.

Irgendwie schaffte ich es, rückwärts wieder auf die Straße zu gelangen. Dieses Ereignis hätte mir eine Warnung sein sollen. Obwohl mir diese Beinahkatastrophe noch Minuten später kalten Schweiß auf die Stirn trieb, hörte ich nicht auf die versteckte Botschaft, die in ihr verborgen schien: »Dreh um, fahr zurück, es droht dir Ungemach.« Wie deutlich musste der Wink des Schicksals denn sein?

Endlich, nachdem ich fast alle Nebenstraßen am Fuße des Hügels kennengelernt hatte, fand ich eine Parklücke, die groß genug war, die hydraulische Seitenrampe auszufahren. Alle zusammen standen wir nun vor dem Auto und starrten mit überdehnten Hälsen in Richtung Schloss. M. und K., die beiden »Parkis«, hatten in freudiger Erwartung körperlicher Extrembeanspruchung ein ganz zartes Lächeln auf den Maskengesichtern. Und los ging's.

Wir mussten erst eine ganze Weile der Straße am Fuße des Berges folgen, bevor wir eine schmale Gasse hinauf zum Schloss fanden. Schon nach wenigen Metern musste ich den Sitzwinkel der Steigung anpassen, um nicht hinten herüber zu stürzen. Das Kopfsteinpflaster tat sein Übriges. Nach etwa 200 Metern versperrte uns auch noch eine Baustelle den Weg. Mit zwei Rädern im Schotter schaffte »Kapitän Kirk« die Prüfung gerade so.

Als wir um die Ecke bogen, sah ich sie zum ersten Mal. Unscheinbar und eigentlich nicht bedrohlich gingen sie nebeneinander die steile Gasse empor. Das aufdringliche Ticken – »tick, tick, tick …« – der Stöcke hallte durch die Altstadt. Völlig ungeniert trugen sie ihre »Gangabzeichen« zur Schau. Drei schwarze Punkte auf einer gelben Armbinde.

Hatten sie uns aufgelauert? Hatten sie, wie wir das Ticken der Blindenstöcke, den Elektroantrieb von »Kapitän Kirk« gehört? Noch mit dem Kopfsteinpflaster unter mir beschäftigt, sah ich auf der anderen Straßenseite zwei weitere »Gangmitglieder«. Das Ticken der Stöcke beherrschte die ansonsten menschenleere Gasse. Immer wieder fiel das Ticken der Stöcke in Einklang und erzeugte für einen Moment einen gleichmäßigen Rhythmus, als wenn eine Armee vorbeimarschieren würde. Die Altstadthäuser waren hoch aufgeschossen und schienen, eher zufällig angeordnet, krumm und schief am Berg zu kleben. Einige bogen sich oben nach vorn, andere wiederum hatten Schräglage.

*Die toten Augen von London,* dieser gruselige Schwarz-Weiß-Schocker von Edgar Wallace, kam mir in den Sinn. Außer Nebel waren alle Zutaten für eine höllische Bluttat vorhanden. Die behänden Bewegungen der Blinden auf dem Kopfsteinpflaster waren schon etwas übernatürlich. Ohne dass ich es sofort bemerkt hätte, war nun auch von hinten das Ticken der Stöcke zu hören. Wir waren umzingelt.

Endlich, nach schier endlos langem Spalier der noch friedlichen stockbewehrten – wie soll ich es nennen – Bedrohung, kam eine Kreuzung ins Blickfeld. Links oder rechts? Was für eine Entscheidung? Wir gingen nach rechts und alle Marburger Blindengänger folgten uns. Das konnte jetzt kein Zufall mehr sein. Was wollten die von uns? »Kapitän Kirk« brachte seinen Unmut über die nicht enden wollende Steigung durch quälende Geräusche des Motors zum Ausdruck. Die bunten Lämpchen der Ladeanzeige hatten sich zur Hälfte verdunkelt.

»BLINDENUNIVERSITÄT« stand auf einem unscheinbaren Schild links an der alten Natursteinmauer. Ich war so mit »Kapitän Kirks« schwindenden Kräften beschäftigt, dass mir gar nicht aufgefallen war, dass das Ticken immer dünner wurde. Einer nach dem anderen hatte sich durch den unscheinbaren Eingang zur Blindenuni davongemacht. Die waren also alle auf dem Weg zur Vorlesung gewesen! Der Gedanke beruhigte mich, änderte aber nichts an der latenten Gefahr, in der ich mich befand. »Ich« ist schon richtig – die anderen konnten ja noch laufen. Vom Genießen der Altstadt mit ihren tollen kleinen Geschäften konnte für mich keine Rede sein. Überall unüberwindbare Stufen von einer Höhe, als wären sie für Riesen gemacht. »Kapitän Kirk« blieb der Eintritt in die Einzelhandelswelt der Blindenstadt verwehrt.

Nach nur einer Stunde Shopping war nicht nur »Kapitän Kirks« Akku leer. Und wir hatten ja auch noch den Abstieg vor uns.

In einem wirklich schönen kleinen Café sammelten wir bei einem sauteuren Cappuccino neue Kräfte. Nicht bedenkend, dass die Blase den Cappu wieder loswerden will, schlürfte ich genüsslich das heiße Getränk. »Kapitän Kirk« stand einsam und verlassen in meinem Blickfeld vor dem Eingang. Immer wieder blieben Leute stehen und musterten den verwaisten Rolli. Ich sah an ihren Blicken, wie sie überlegten, ob es sein könnte, dass hier jemand eine Wunderheilung erlebt hatte und dann, ohne den Rolli mitzunehmen, einfach abgehauen war. Wer im Rolli sitzt, hat gefälligst drin sitzen zu bleiben!

Meine Augen, die Verlängerung meiner Blase, suchten nun verzweifelt nach den Toiletten. Im Keller. Natürlich waren die Toiletten im Keller. Wo sonst? Die schmale Stiege hinunter in das Jahrhunderte alte Kellergewölbe hatte so ausgetretene Stufen, dass ich mich an meinen Krücken kaum auf den Beinen halten, geschweige denn vernünftig einen Fuß vor den anderen setzen konnte. Meine Blase spornte mich allerdings zu Höchstleistungen an. Nach der »Tour de Toilette« hatte ich nur noch das Bedürfnis, zum Auto zurückzugehen und den Rückweg anzutreten.

M. ging die ganze Zeit hinter mir, um im Notfall manuell zu bremsen. Anderenfalls hätte ich die steile Gasse hinunter mit stark überhöhter Geschwindigkeit genommen. Auf dem Rückweg fielen mir dann die versteckten Zeichen der Blindenkommune auf. Die Ampeln piepten in einer Lautstärke, wie ich es vorher nie gehört hatte. Und dann sah ich es. Das untrügliche Zeichen für den Sieg der Blinden über die Rollifahrer im Stadtrat. »Kapitän Kirk« blieb stehen. Die Ampel zeigte rot. Ich stand hier und die drei Begleiter waren schon auf dem Weg in die gegenüberliegende Einkaufspassage. Unscheinbar, unschuldig, ja fast unsichtbar lag mir die Bordsteinkante auf der anderen Seite im Weg. Konnte ich sie schaffen? Konnte »Kapitän Kirk« sie überwinden? Die verloschenen Lämpchen der Ladeanzeige verhießen nichts Gutes. Ich schaute vor mir auf die Kante und sah das Unvermeidliche, den Sieg der »Blindengang«, das Zeichen der Ablehnung jeglicher Rollifahrer. Als wenn da gestanden hätte: »Rollifahrer raus«, war die Erhebung der Bordsteinkante scharfwinklig zur Kontaktaufnahme mit den Blindenstöcken ausgeprägt. Mindestens vier Zentimeter hoch. Drei sind vorgeschrieben. Drei ist das, was »Kapitän Kirk« drauf hat. Und vor allem abgerundet mussten sie sein.

Die Ampel sprang auf Grün. Ich legte meinen fünften Gang ein und donnerte die Kante hinunter auf die Straße. Das Akkupaket setzte auf und zog einen Funkenteppich hinter mir her. Die Kante auf der anderen Seite rückte näher. Der abgesenkte Bereich war etwa vier Meter breit. Wir peilten das vermeintlich am niedrigsten abgesenkte Stück Kante an. Mit voller Wucht schlugen wir an der Bordsteinkante an. Es katapultierte mich aus dem Sitz hoch und ich konnte mich gerade noch vor dem Abflug bewahren.

»Kapitän Kirks« prachtvolle Moosgummireifen waren für derartige Hindernisse nicht gemacht. Was nützte es mir jetzt, dass er auf der Stelle drehen konnte, wendig war wie ein Wiesel und rauf- und runterfahren konnte? Nichts! Ein Blick auf die Ampel. Noch zeigte sie Grün. Ich setzte zurück, um einen erneuten Versuch zu starten. »Jetzt mit Gefühl«, dachte ich. Also pirschten wir uns langsam an die Kante heran und im letzten Moment gab ich Gas. Keine Chance. »Kapitän Kirk« zeigte mir nur noch eine rote Lampe. Der Versuch scheiterte kläglich. Die anderen waren leider schon um die Ecke verschwunden.

Der Blick ging zur Ampel zurück. Drohendes Rot schien mir entgegen. Mein gehetzter Blick richtete sich auf die Autowand, die links des Übergangs darauf wartete, mit Vollgas loszubrausen. Aug in Aug mit dem Fahrer des Wagens, der keine drei Meter von mir entfernt stand, startete ich einen letzten verzweifelten Versuch. Und dann! Dann dröhnten die Motoren. Es wurde Gas gegeben ohne Sinn und Verstand. Die Hupen mischten sich lauthals mit dem Gesang der kreischenden Motoren.

Jetzt sah ich sie. Sie saß neben dem Fahrer des Wagens links neben mir. Sie lächelte hinter ihrer dunklen Sonnenbrille. Ein zartes, unschuldiges Lächeln einer etwa 20-jährigen, hübschen *binden* Frau. War das ein Zufall? Ich hatte keine Zeit darüber nachzudenken, als der Fahrer hupend, tobend und geifernd vor Wut näher kam. Panik wich nun Wut. ›Wieso hupt der Schwachkopf? Meint der, ich steige jetzt aus und trage meinen Rolli über die Kreuzung? Denkt der sich überhaupt etwas?‹, dachte ich, unfähig mich aus dieser ausweglosen Situation zu befreien. Niemand stieg aus. Alle hupten.

»Hej, komm, ich helfe dir.« Mit einem Mal stand M. hinter mir. Ich gab kurz Gas und M. drückte ein wenig hinten auf den Schiebegriff und schon war ich auf dem rettenden Bürgersteig. Der Wagen mit der mysteriösen blinden Frau fuhr an uns vorbei, wobei mir der Fahrer einen Vogel zeigte. Die junge Frau lächelte ihr unschuldiges Lächeln in Fahrtrichtung, ohne mich zu registrieren.

Ich war ein bisschen wütend auf »Kapitän Kirk«. Super Technik, bescheidenes Ergebnis. In einer Stadt, infiltriert von den Weißstöcken war kein Platz für Rollifahrer. Manchmal wache ich auf und höre das Ticken der Stöcke.

Tick, tick, tick.

# Selbstgespräch

Regeln! Da hat man sich dran zu halten. Gerade im Umgang mit »Behindis« gilt das. Ich weiß immer nicht, ob es Ignoranz ist oder ob der »Normalo« einen besonderen Hang zum Quälen hat. Jedenfalls werden die Grundregeln im Umgang mit »Behindis« fortwährend verletzt. Grob verletzt.

Aber man kennt das ja aus Zoos. »Bitte nicht füttern!« Ein wirklich eindeutiger Aufruf, die Viecher nicht mit den Fast-Food-Totmachern des modernen Homo sapiens zu mästen. Und wer hält sich dran? Keine Sau! Ich möchte nicht wissen, wie viele von den gut behüteten und liebevoll gepflegten, vom Aussterben bedrohten Exemplaren das Zeitliche gesegnet haben, weil sie an den Köstlichkeiten von Allesfressern genippt haben. Darüber macht sich der Zoobesucher am Wochenende keine Gedanken, wenn er dem niedlichen Tierchen hinter den Gitterstäben etwas Gutes tun will. ›Die sehen alle so putzig aus und vor allem hungrig‹, denkt man sich. Und was für Vati gut ist, kann wohl dem Tierchen auch nicht schaden. Missverständnis! Das ist es. Ein Kommunikationsproblem zwischen den Rassen. Wie soll Mutti ahnen, dass das drollige Tier immer die gleiche Gesichtsmimik hat und daran sowohl Fress- als auch Geschlechtstrieb, nicht mit dem Menschen vergleichbar, abzulesen sind?

Merkwürdigerweise wird dem »Rollifahrer an sich« deutlich weniger Aussagekraft zugetraut als einem Pandabären.

»Wie geht es ihm denn?«

Diese Frage an die Begleitung eines Rollifahrers zeigt die Einschätzung der kommunikativen Fähigkeiten eines Rollifahrers durch den »Normalo«. Mit dem völlig verhungert aussehenden Pandabären wird direkt Kontakt aufgenommen. Es muss daran liegen, dass der »Rollifahrer an sich« nicht so intelligent wie ein Pandabär aussieht und nicht vom Aussterben bedroht ist – im Gegenteil. Auf die Paarungsqualitäten möchte ich jetzt überhaupt nicht eingehen. Missverständnis! Das ist es.

Der Mensch des zwanzigsten und einundzwanzigsten Jahrhunderts könnte auch als »Homo orthopädikus« in die Menschheitsgeschichte eingehen. Das Handwerk der Knochenbetreuer boomt und automatische Massier-, Saug- und Elektrobehandlungsmaschinen mehren die Einkünfte der Orthopäden in Praxen, aus denen jeder »Normalo« ob ihrer Größe ohne Hilfe nicht wieder herausfindet. Zu viel sitzen, zu wenig Sport und schlechte Körperhaltung zeigen die Nachteile der Evolution, die mit dem aufrechten Gang einen Fehlgriff tat. Nicht von ungefähr gibt es nur eine Spezies, die aufrecht auf zwei Beinen läuft.

Nackenprobleme haben unter den Alltagsbeschwerden des »Homo orthopädikus« Hochkonjunktur. Geradezu verblüffend ist es unter diesem Aspekt, den Umgang mit dem »Rollifahrer an sich« zu betrachten. »Was für ein Film füllt im Kino die erste Reihe?« O. k., wenn die Endrunde von *Popstars* nur im Kino liefe, würden die Zehn- bis 70-Jährigen sogar einen irreparablen Nackenschaden in Kauf nehmen, um die modernen Helden gewinnen oder verlieren zu sehen. Der Rollifahrer wird generell mit der Nase vor die Leinwand geschoben. Viel schlimmer ist allerdings der Alltag. Wer hat schon »Käpitän Kirk«, der mich problemlos auf Augenhöhe »beamen« kann? Alle anderen müssen sich den Nacken ausrenken, um mit den »Normalos« Kontakt aufzunehmen. Missverständnis! Das ist es. Vereinzelt gibt es natürlich Menschen, die sich zu uns herablassen. Dann ergeben sich angenehme Gespräche auf Augenhöhe, die von Akzeptanz und Einfühlsamkeit zeugen. Die Selbstverständlichkeit, mit der sich der Gesprächspartner in die Hocke begibt, bewirkt bei mir anerkennendes Erstaunen.

Ungleich schwerer als die direkte verbale Kontaktaufnahme mit dem »Rollifahrer an sich« gestaltet sich der nonverbale

Umgang mit ihm. Ein mechanischer Rollstuhl verleitet den »Normalo« blitzartig und ohne Vorankündigung dazu, Hand anzulegen. Was dann sicher nett gemeint ist, wird oft eine Fahrt des Schreckens.

Sobald der »Rollifahrer an sich« von einem unter manischem Helfersyndrom leidenden Mitmenschen ausgemacht wird, muss dieser – geradezu zwanghaft – das Zepter übernehmen. Man sollte meinen, es gäbe genügend Rollifahrer, um eine gewisse Praxis beim Schieben eines Rollis zu erlangen und die Fertigkeiten solcher Helfer auf ein hohes Niveau zu heben. Aber weit gefehlt.

Für solche Fälle sollte es für Rollifahrer Anschnall- und Helmpflicht geben. Es hilft schon ein wenig, die Hände an den Kleiderschutz zu legen und sich auf den Abflug an der nächsten Kante vorzubereiten. Auf keinen Fall ist es ratsam, den völlig entrückten Protagonisten der aufgezwungenen Hilfe beratend anzusprechen. Das macht ihn nur noch nervöser und kann zu schweren Kopfverletzungen sowie Abschürfungen und Prellungen der Arme führen. Gerade das Passieren einer engen Tür ist sehr riskant. Je nachdem, welche psychische Verfassung beim Schieber festgestellt wird, sollte man vorher durch einen beherzten Griff an die Greifringe dem Helferwahn ein Ende bereiten. In den allermeisten Fällen hat man seinen Schieber aber überhaupt nicht gesehen, da sich diese Spezies immer von hinten heranschleicht und sofort die Regie an den Schiebegriffen übernimmt. Ohne Blickkontakt rate ich vom Eingreifen aus Gründen des Selbstschutzes ab. Auf eine schnelle Stimmanalyse sollte man sich nicht verlassen. Man kann es mit einem einfachen und sehr höflich formulierten »Entschuldigung!« versuchen. »Vielen Dank für Ihr selbstloses Hilfeangebot, aber ich komme schon selbst klar. Noch mal danke für das Angebot!«

Wenn alles gut läuft, ist der Schieber jetzt erst einmal geschockt, schweigt und antwortet nach einer Denkpause: »Na, dann eben nicht« und murmelt noch etwas von »undankbares Pack« in sich hinein. Das klappt aber oftmals nicht und der Schieber greift noch fester an die Schiebegriffe, wobei er mit aufgerissenen Augen und ein wenig Schaum vorm Mund mit zitternder Stimme sagt: »Es macht mir überhaupt nichts aus zu helfen, überhaupt nicht. Ich mache das schon.« Jetzt wäre die Zeit für den Helm gekommen. Missverständnis! Das ist es.

Andererseits muss man lernen, aktiv zu fragen, um vor solchen Situationen gefeit zu sein. Denn natürlich kommen ja Konstellationen vor, in denen man Hilfe benötigt. Meine Erfahrung ist, dass gerade die so gescholtene Jugend immer hilfsbereit ist, egal welcher Nationalität der Schnösel oder die bauchfrei am Nabel gepiercte Göre sind. Und sie fragen ausnahmslos: »Kann ich Ihnen helfen?« Interessanterweise von vorn. Und schon gibt es kein Problem mehr, da man die Wahl hat. Der »Rollifahrer an sich« muss natürlich auch lernen, sich bemerkbar zu machen. Nicht jeder Passant kann an der Gestik des Rollifahrers sein Begehr ablesen. Nicht jeder Passant möchte längeren Blickkontakt mit dem »Rollifahrer an sich« aufnehmen. Also heißt es, Mund auf und fragen. Für mich war das eine schwere Lektion.

Ich vertrat den Wahlspruch: »Wer seinen Rolli liebt, der schiebt.« Da ich immer noch ein paar Meter zu Fuß schaffte, war der Leidensdruck nicht hoch genug. Fragen kam für mich Betteln gleich. Eine Horrorvorstellung in meinen Manager-werden-Gedanken, die tief verwurzelt ab und an ausgerechnet zu den ungelegensten Augenblicken aus mir heraus brachen oder mich sprachlos machten. Allein die Position, von unten nach oben, ist für jemanden, der sich vorgenommen hat, nach ganz oben zu kommen, unerträglich.

Mütter, die ihr eure Kinder gedankenlos und selbstherrlich durch ein Stadtfest im Kinderwagen schiebt, setzt euch mal in einen Rollstuhl und genießt den Blick auf Beine mit Füßen und Hacken. Verdreht eure Köpfe in unnatürliche Positionen, um festzustellen, dass ihr nicht wahrgenommen werdet. Ihr seid ausgeliefert im lärmenden Treiben der Menschen, die 60 Zentimeter höher die bunte Vielfalt der Stände genießen. Derweil habt ihr jede Schuhmarke, die der europäische Fußbekleidungsmarkt hergibt, registriert. Tut das euren Kindern nicht an. Missverständnis! Das ist es.

Nach diesem moralischen Vortrag mit erhobenem Zeigefinger, bar jeder Selbstkritik, möchte ich noch eine Geschichte aus dem Genre »Wie mache ich mich am besten zum Vollidioten« vorbringen.

An einem Freitagnachmittag kam meine liebe Frau auf die blendende Idee, mit Kindern und »Behindi« in die Stadt zu fahren.

Es war saukalt draußen, so entschloss ich mich, meinen mit Sitzheizung ausgestatteten E-Rolli mitzunehmen. Die Kinder brauchten unbedingt noch Winterschuhe, so entschieden wir uns für den Besuch der Fußgängerzone in Herford. Mit Mütze, Handschuhen und Schlupfsack bewaffnet machten wir uns im Auto auf den Weg. Unsere Töchter saßen mit dem typischen Gesicht früh pubertierender Mädchen auf dem Rücksitz. Mit der üblichen schlechten Laune bei Einkäufen bogen wir auf einen passenden Parkplatz, auf dem ich meine Rampe ausfahren konnte. Als ich mich in den Schlupfsack gezwängt hatte und schweißgebadet meine Wintermütze mit Ohrenklappen aufsetzte, bereute ich meine Entscheidung mitgekommen zu sein schon. Wir steuerten auf den Gehrenberg zu und ich blieb vor einem Uhrengeschäft stehen. In der Auslage bewunderte ich ein wunderschönes Stück deutscher Uhrmacherkunst. Die Frauen standen derweil an der Boutique für In-Klamotten gegenüber. Ich konnte meine Blicke nicht losreißen. Das war die Erfüllung. Diese Uhr hatte mein Herz berührt. Als wir uns gerade wieder zur Gruppe formierten, wobei die Frauen – für mich nicht sichtbar – hinter mir gingen, erzählte ich Manu von der Uhr. Ich hörte, wie sie ab und zu »ja, ja« und »hm« ohne sonderliche Begeisterung in der Stimme zum Besten gab. Die Kinder waren stumm. Ich erzählte von den fein ziselierten Ringen auf dem Ziffernblatt, der konisch nach innen gearbeiteten Lünette mit den Minutenstrichen und als Krönung von den dunkelblauen Zeigern, die auf dem weißen Ziffernblatt von einem automatischen Schweizer Präzisionswerk angetrieben im Kreis wandern. Der quasi ruckfreien Bewegung des Sekundenzeigers konnte ich minutenlang zuschauen. Sie besaß eine kleine Restganganzeige unten auf der Sechsuhrposition. So schwelgte ich über den Einzelheiten der Uhr, wobei ich tunlichst vermied, auf den Preis zu kommen.

Meine Ohrenklappen an der Wintermütze hielten prima warm, dämpften aber auch akustisch enorm. Ich war gerade bei der Beschreibung des Glasbodens, durch den man die Unruh bei ihrer Arbeit beobachten konnte, angekommen, da fielen mir die merkwürdigen Blicke der vorbeigehenden Passanten auf. Man schaute hin und sofort weg. Die Blicke zeigten unverhohlenes Mitleid auf allerhöchstem Niveau. Ich dachte: ›Hej, so schlimm ist ja auch nicht oder sieht meine Mütze so bescheuert aus?‹ Die Fußgängerzone neigte sich dem Ende entgegen und das merkwürdige Verhalten der »Normalos« machte mich nachdenklich. Für einen kurzen Augenblick trennte ich mich gedanklich von meinem Wunschobjekt, blieb stehen und drehte mich mit dem Rolli. Es war niemand hinter mir.

Die Frauen waren einfach irgendwo abgebogen. Ich riss mir die Trottelmütze runter und konnte vor Wut nicht an mich halten. Da hatten die mich doch glatt in einem Selbstgespräch wie einen am Tourette-Syndrom Erkrankten mit hauptsächlich vokaler Prägung durch die Stadt fahren lassen, ohne mir Bescheid zu geben.

»Nicht nur im Rolli, der hat auch noch ′ne schwere Macke.«

Das war also auf den Gesichtern abzulesen. Mit meiner Mütze in der Jackentasche und Vollgas auf Stufe sechs fuhr ich auf der Suche nach meinen Frauen mit knallroten Ohren durch die Stadt. Bei Mengedoth, einem Schuhgeschäft ziemlich zu Beginn der Fußgängerzone noch vor dem Alten Markt, wurde ich endlich fündig.

Da standen meine drei Grazien und gaben sich der Qual des Schuheaussuchens hin. Ich stellte mich einfach, ohne etwas zu sagen, neben sie und beobachtete vermeintlich aufmerksam die Anziehprozedur unserer großen Tochter. Meine Frau lehnte sich locker und ohne eine Spur der Reue zu signalisieren, auf meinen Rolli. Den einzigen Kommentar, den sie sich abrang, war: »Warum hast du so rote Ohren, du musst deine Mütze aufsetzen!«

Meine Fahrt durch die Fußgängerzone mit Ohrenklappenmütze und schwer gestörtem Selbstgespräch fand keine Beachtung, mehr noch, mein Fehlen war nicht aufgefallen. Ich wollte im Schuhgeschäft keine Szene machen, also schwieg ich. Wichtiger war, dass meine Älteste nach nur einer Stunde und einem Beinahenervenzusammenbruch meiner Frau unmittelbar vor einer konkreten Kaufentscheidung zu stehen schien. Und tatsächlich traf sie, zwar mit total angeödetem Gesicht, aber final die Entscheidung für so eine Art Turnschuhe, die aussahen wie die Modelle *Adidas Bundeswehr 1980*. Egal, das Wochenende war gerettet und dass Vater … na ja, ist ja auch egal.

Seit diesem Wochenende versuche ich – mit wenig Erfolg –, den Familienmitgliedern den Gang hinter dem Rolli abzutrainieren.

# Überlandfahrt mit dem Dreirad – Teil 2

Der Sommer bäumt sich noch einmal auf. Mit ganzer Kraft stemmt er sich gegen den nahenden Herbst. Bis auf ein paar Schäfchenwolken bestimmt tiefes Blau den Himmel. Es ist ein ungewöhnlich schöner September, den ich weidlich nutze, um mit meinem Dreirad durch die Gegend zu cruisen. Angenehmer könnten die Temperaturen nicht sein. Die Sonne spielt noch einmal ihre ganze Kraft aus und man spürt ihre lebensspendende Energie auf der Haut, ohne die unangenehme Hitze des Hochsommers, die in unseren Breitengraden fast immer mit lästiger Schwüle verbunden ist.

Ich bin auf dem Weg zu einer guten Freundin. Quatschen und Kaffee trinken unter dem alten Baumbestand im großen Garten hinter dem alten Haus, das ist eines so vorzüglichen Herbsttages würdig. Auf dem Schotterweg hinter der Tennishalle fahre ich unbehelligt vom Autoverkehr durch die Felder, die schon alle abgemäht sind. Nichts versperrt den Blick, der weit über die Hügellandschaft schweifen kann. Ich nehme einen weiten Umweg mit seichtem Anstieg über Feldwege und unbefahrene Nebenstraßen. An so einem schönen Sonntagmorgen trifft man viele Spaziergänger und Radfahrer. Gute Laune versprühend und fröhlich grüßen sie vorbeiradelnd.

Vor dem Bauernhof am Ende des Feldweges, kurz bevor es auf die Hauptstraße mit einem super ausgebauten Radweg geht, sitzt eine alte Bäuerin, die mir schon von Weitem zuwinkt. Ich halte vor ihr an und wir kommen ins Gespräch. Sie könnte sich trotz ihrer stattlichen 89 Jahre eine genüssliche Spätsommerfahrt mit meinem Dreirad vorstellen. Mein Angebot, jetzt sofort mal eine Runde zu drehen, lehnt sie aber doch zahnlos lächelnd ab.

Sie hätte sich seit 15 Jahren nicht mehr im öffentlichen Straßenverkehr bewegt, sagt sie mir etwas nachdenklich. Wir sitzen noch ein Weilchen zusammen und ich höre der alten Frau zu, wie sie aus ihrem langen Leben plaudert.

Als ich weiter fahre, grüße ich winkend zurück und rufe: »Man sieht sich!« Auf der Hauptstraße angekommen geht es mehr oder weniger flach bis zum Ziel und die ganze Konzentration gilt dem Blick nach links, Richtung Enger. Wo im Sommer die Luft meist undurchsichtig ist und von Feuchtigkeit getränkt keinen weiten Blick auf das Städtchen zulässt, ist der Ausblick heute fulminant. Geradezu chirurgisch durchschneidet das Auge die Landschaft und man hat das Gefühl, die Hügelkette in der Ferne anfassen zu können.

Richtig gut gelaunt komme ich bei unserer Freundin an, wo der Kaffee schon auf mich wartet. Wir sitzen unter den alten, Schatten spendenden Apfelbäumen und nehmen die Gefahr, von herabfallenden Äpfeln erschlagen zu werden, billigend in Kauf. Wir widmen uns unseren Lieblingsthemen: Literatur, Politik und Schule. Wie im Fluge vergeht der frühe Nachmittag. Nachdem ich zu Hause angerufen habe, um eine Vermisstenmeldung noch rechtzeitig abzuwenden, mache ich mich wieder auf den Weg zurück. Als ich mich auf dem kürzesten Weg zurück den langen Brink hinunterrollen lasse, passiert es wieder.

›Ich könnte ja noch eine kleine Runde dranhängen‹, denke ich, als ich die Diebrocker Straße erreiche, der ich nur noch ein paar hundert Meter nach rechts folgen müsste, um dann durch den Kreisel rechts und gleich wieder links in die Straße, in der ich wohne, einzubiegen. Die Entscheidung ist gefallen. Wie von einem Magnet angezogen, biege ich mit einem Mal links ab und mache mich auf eine zusätzliche kleine Runde, die höchstens zehn Minuten länger dauern wird. Das erste Stück geht auch noch bergab. In der Kuhle, am tiefsten Punkt angekommen, fahre ich rechts in die Hausheider Straße und folge der ansteigenden Straße bis zum Friedhof. Die Schweißperlen auf meinen Armen glitzern im Sonnenlicht. Ich liebe es, zu schwitzen. Der Körper giert nach Kühlung. Langsam strömen die Glücklichmacher in meinen Körper oder sind es doch eher Suchtstoffe?

»Tun Sie es nicht, Herr Riepe«, höre ich meinen »Psycho« mahnen. ›Der versaut mir wieder den ganzen Nachmittag‹, denke ich.

Zu spät. Ich bin schon wieder links, in Richtung des steil ansteigenden Schnatwegs, abgebogen. Ein Versehen. ›Aber ich muss doch wissen, ob ich's noch kann! Wer nicht probiert, ist selbst schuld. Meine Beine haben es heute drauf‹, sinniere ich vor mich hin, als die Abzweigung zum Schnatweg vor mir auftaucht.

»Wie oft haben wir darüber gesprochen, Herr Riepe? Sie können noch umkehren. Es ist Ihre Wahl. Also … «, schwillt die Stimme des »Psychos« in meinem Kopf an. ›Der verdirbt mir wieder den ganzen Spaß. Konzentrier' dich auf den Berg und reiß dich zusammen‹, sage ich mir. Unbemerkt habe ich die Schlagzahl erhöht und meine Muskulatur an die Grenzen der Belastungsfähigkeit gebracht. Die Suchtstoffe in meinem Körper strömen in jede Faser und durchtränken mich mit Euphorie.

Jetzt ist der Augenblick gekommen. Die Entscheidung. Ich fahre links den Berg rauf. Meine schlechte Konstitution und das dämliche Gequatsche meines »Psychos« haben mir ein so schlechtes Gewissen gemacht, dass nicht mal der Hormonhaushalt die abschlaffenden Beine aufhalten kann. Die Steigung hat jetzt ihr Maximum erreicht und ich kämpfe nur noch gegen die Schmerzen. Vor mir taucht ein Fußgänger mit Hund auf. ›Den werde ich kriegen. Den schaffe ich. Endlich ein Ziel vor mir, das die Qualen erträglich werden lässt. Das ist ein Fußgänger! Ich glaube, ich bin ihm etwas näher gekommen.‹

»Herr Riepe, es ist doch nicht wichtig, so einem Ziel hinterher zu jagen. Was bringt Ihnen das?«

Mein Gedankendialog führt langsam aber sicher zu großem Unmut in mir. ›Hej, das ist kein Radfahrer. Er ist nicht einmal ein durchtrainierter Wanderer. So wie der geht, hat er mindestens eine Hüftgelenksoperation hinter sich. Von einem von täglicher Beinarbeit gestählten Dreijährigen mit Waden, von denen ich nur träumen kann, auf einem Bobbycar überholt zu werden, das kann ich mittlerweile akzeptieren. Aber ein fußlahmer Spaziergänger mit Hund, das ist zu viel verlangt.‹

Ich setze nun alles auf eine Karte und pumpe meine gesamte Kraft ins stärkere rechte Bein. Bei jeder Umdrehung der Pedale knackt mein linkes Knie im Takt der unrunden Kraftumsetzung. Der Hund bleibt zum Pinkeln stehen und hebt sein rechtes hinteres Bein. ›Das ist meine Chance. Nun lass den armen Hund doch in Ruhe pinkeln‹, denke ich, als der Hundehalter wild an der Leine zieht. ›Mist, so ein Tierquäler. Den sollte man einsperren! Ich glaube, jetzt habe ich doch etwas aufgeholt.‹

Derweil schießt der kühlende Schweiß aus meinen Poren. Mein Puls ist am Anschlag. Treten! Treten!

Mein Handy klingelt. Ausgerechnet jetzt muss das verdammte Ding bimmeln. Der Fluch der modernen Welt, das Handy. ›Das ist bestimmt Manu!‹ Wild gestikulierend versuche ich, das Handy aus der Handytasche zu fummeln. Es klappt nicht, ohne anzuhalten, also bleibe ich stehen. Mit der linken Hand halte ich die Bremse gedrückt, während die rechte Hand immer noch an der Tasche nestelt. Das Klingeln verstummt. Ich war wieder mal zu spät. Mit der Eins wähle ich schweißüberströmt die Mailbox an. Unterdessen hüpft mein linkes Bein an dem Klickpedal, als wolle es sich losreißen. Als ich das Handy endlich am Ohr habe, drücken meine Finger unkontrolliert irgendwelche Knöpfe. Ich gebe auf.

Der Mann mit Hund ist nicht mehr zu sehen. Meine linke Hand lässt sich kaum mehr dazu bewegen, die Bremse zu lösen. 100 Meter vor dem Ende des Bergs muss ich kapitulieren. Es ist mir unmöglich, an der Steigung aus dem Stand heraus wieder Fahrt aufzunehmen. So lasse ich mich herunterrollen und biege unten rechts Richtung Zuhause ab. ›Ich werde es trotzdem wieder probieren. Irgendwann komme ich da wieder hoch. Irgendwann. Scheiß Telefon!‹